10시간 만에

토익 끝내기

김원호

프롤로그

이 책 한 권으로 TOEIC 문제 풀이를 가장 쉽게 접근할 수 있는 기본서!!!

"10시간 만에 토익 끝내기"는 단기간에 토익점수를 획득하고자 하는 수험생을 위한 길잡이 책입니다.

"10시간 만에 토익 끝내기" 책은 "16시간 만에 토익 끝내기"에 이어 다시 출판된 책입니다.
앞선 나온 책을 좀 더 보완하여 2판을 발행했습니다.

책 구성은 학습자들에게 최신 토익 출제 경향 문제를 쉽게 풀 수 있도록 문제 풀이 방법을 책한 권에 수록함으로써 Reading Comprehension과 Listening Comprehension을 한 권으로 볼수 있게 정리했습니다. 또한, 시험에서 자주 출제되는 문제 유형을 기반으로 주어진 시간 안에문제를 풀 수 있는 해법을 제시했습니다.

이 책을 가지고 공부하는 학습자들이 공부를 하면서 궁금한 점에 대해서 실시간 정보를 공유할 수 있도록 네이버 카페 "김원호의 영어세상"에서 궁금점을 풀어드리겠습니다. 그리고 카페에서 다양한 토익 학습자료를 무료로 이용하신다면 보다 효과적인 학습이 될 수 있으리라 생각합니다.

"10시간 만에 토익 끝내기" 책을 통해 학습자들께서 원하는 토익 점수를 받으시고, 더욱 큰 목표에 도달하시길 진심으로 기도드립니다.

2판이 나올 수 있도록 도움을 주신 하나님께 영광 돌리고 항상 곁에서 힘이 되어준 사랑하는어머니(황유순) 아내 (현미경), 딸 (지선), 아들 (지수), 사위 (강석환) 가족분들에게 감사를 드립니다.

2020년 7월 6일
서재에서 김원호

What is the TOEIC?

내용 구성

토익을 처음 시작하는 학습자를 위해 기초적인 문법을 알려드리고, 자주 출제되는 유형을 분석하여 문제 푸는 해법을 제시했습니다. 어휘는 주어진 문제 선택지에 있는 단어와 지문에 있는 단어를 연계해 서로 관련성을 통해 문제를 풀어갈 수 있도록 방향을 제시했습니다.

독해는 PART 6과 PART 7, 문제 유형에 맞게 문제 풀이 해법을 제시하여 짧은 시간 안에 문제를 풀 수 있도록 풀이 해법을 제시했습니다.

Listening Comprehension 분야별로 청취 방법을 제시하여 L/C 점수를 올릴 수 있도록 리스닝 기초를 마련했습니다.

시험구성

구성	Part	내용		문항수	시간	배점
듣기 (L/C)	1	사진 묘사		6	45분	495점
	2	질의 & 응답		25		
	3	짧은 대화		39		
	4	짧은 담화		30		
읽기 (R/C)	5	단문 빈칸 태우기 (문법/어휘)		30	75분	495점
	6	장문 빈칸 채우기		16		
	7	독해	단일 지문	29		
			이중 지문	10		
			삼중 지문	15		
Total		7 Parts		200문항	120분	990점

목 차

프롤로그

Warm - up

토익 기초 역량 다지기

- 8품사

- 구와 절

- 동사의 활용법

- 자동사와 타동사 구분 방법

- 현재분사와 동명사 구분 방법

- 전치수식, 후치수식

8품사

1 명사

[1] 사람, 동물, 사물, 장소 등의 이름
[2] 셀 수 있는 명사(가산 명사)이고 하나일 때(단수)와 둘 이상일 때(복수)
  * 셀 수 있는 것: book, desk, girl, brother
  * 셀 수 없는 것: water, coffee, air, sugar

[예시] There are books on the desk.
[해석] 책상 위에 책이 있다.
[해설] 명사 books가 복수로 동사 are을 쓴다.
[어휘] There is(are)~이있다.

2 대명사

[1] 명사(구)를 대신 하는 말
  * I, you, him, we, they, this(these), that(those)

[예시] They are walking on the street.
[해석] 그들은 거리를 걷고 있다.
[해설] they는 사람들을 대신 받는다.
[어휘] on the street 거리에서

3 동사

[1] 사람, 사물의 동작이나 상태를 나타내는 말

[예시] Mr. Lee **joins** our team today.

[해석] Mr. Lee는 오늘 우리 팀에 참가한다.

[해설] Mr. Lee가 주어 단수가 오므로 join동사는 단수 표시 s를 쓴다.

[어휘] join 참가하다

[예시] The lab workers **wear** protective gloves.

[해석] 실험실 근로자들은 보호 장갑을 낀다.

[해설] 주어는 The lab workers 이고, 명사에 s가 있으면 복수이다. wear가 동사인데 s(es)가 없으면 복수 동사가 된다. glove는 명사인데 복수로 쓰고 싶으면 s(es)를 붙이는데 v로 끝나면 es를 붙인다.

[어휘] lab 과학실험실   wear 입다, 끼다   protective gloves 보호 장갑

4 형용사

① 사람이나 사물의 성질이나 상태를 설명

[예시] I met a **nice** girl yesterday. (명사 girl를 직접 설명)

[해석] 나는 어제 멋진 소녀를 만났다.

[해설] 형용사는 끝나는 받침이 ~s으로 끝나면 성질이나 상태를 나타낸다.

[어휘] meet-met-met 만나다

5 부사

① 동사, 형용사, 다른 부사, 혹은 문장 전체의 의미를 좀 더 자세하고 명확하게 나타내기 위해서 덧붙이는 말

[예시] Jane **really** likes her neighborhood. (동사 likes 수식)

[해석] Jane은 그녀의 이웃을 좋아한다.

[해설] 부사는 동사, 형용사, 다른 부사를 수식한다.

[어휘] really 정말   neighborhood 이웃

6 　전치사

① 명사나 대명사 앞(前)에 위치하는 말로서 시간, 장소, 조건, 수단, 방향 등의 의미를 나타내는 역할을 한다.

[예시]　There are a lot of people **in** the church. (장소)

[해석]　교회 안에 많은 사람이 있다.

[해설]　전치사 in은 넓은 장소 ~안에서 뜻을 가진다.

[어휘]　a lot of　많은　　　church　교회

7 　접속사

① 말과 말을 접속하는, 즉 연결해 주는 말

[예시]　**Cash or card**? (단어 + 단어)

[해석]　현금으로 하시겠습니까? 아니면 카드로 하시겠습니까?

[해설]　cash, card 단어로 이루어져 있다.

[어휘]　cash　현금

[예시]　Is it **for here** or **to go**? (구 + 구)

[해석]　여기서 드시겠습니까? 아니면 가져가시겠습니까?

[해설]　for here, to go 단어로 이루어져 문장을 구성한다.

[어휘]　here　여기서

[예시]　We stayed home because it rained yesterday. (절 + 절)

[해석]　우리는 어제 비가 왔기 때문에 집에 머물렀다.

[해설]　We stayed(주어 + 동사) because(종속접속사) it rained(주어 + 동사)

[어휘]　stay　머무르다　　　rain　비가 오다

8 감탄사

① 기쁨, 슬픔, 놀람, 아픔과 감정을 느낀 순간 내뱉는 말

[예시] Oh, what a good idea it is!

[해석] 와 좋은 생각이다!

[해설] what + a + 형용사 + 명사로 감탄문을 만든다.

[어휘] idea 생각

구와 절

1 구

주어 + 동사 없이 품사 역할을 하면 구이다.

명사구   I want **to buy a gift for her**. **Choosing a gift for him** is easy.

[해석]   나는 그녀를 위해 선물을 사기를 원한다. 그를 위해 선물을 고르는 것은 쉽다.

[해설]   want는 타동사이므로 뒤에 목적어로 to + 동사원형이 온다. choose는 동사, 동사이므로 주어가
되지 못한다. 동사 choose에 ~ing을 붙여 주어로 만든다.

[어휘]   choose 선택하다   easy 쉬운

형용사구   I will buy some book **to give him**.

[해석]   나는 그에게 줄 약간의 책을 살 것이다.

[해설]   to give가 앞에 명사 책을 수식한다.

[어휘]   some book 약간의 책

부사구   **To make him sad**, I left him

[해석]   그에게 슬픔을 주기 위해서, 나는 그를 떠났다.

[해설]   to 전치사 + 명사(대명사),가 부사구가 되어 뒤에 전체 문장을 수식 한다

[어휘]   sad 슬픈

2 절

주어 + 동사를 포함하여 품사 역할을 하면 절이다.

명사절   I think **that she is a doctor**.

[해석]   나는 그녀가 의사라고 생각한다.

[해설]   think는 **타동사로 목적절로** (that + 주어 + 동사)가 나온다.

[어휘] think 생각한다

형용사절 **This is the book that he gave me.**

[해석] 이것은 그가 나에게 준 책이다.

[해설] that he gave me가 앞 the book을 수식한다.

[어휘] give - gave - given

부사절 **If it is fine tomorrow, we will goo out.**

[해석] 내일 날씨가 좋다면, 우리는 외출할 것이다.

[해설] If(종속접속사), it(주어), is(동사), we(주어), will go out(동사)

[어휘] go out 외출하다.

동사의 유형

동사는 세 가지 유형이 있는데, be동사, 조동사, 일반동사가 있다. 그리고 세 가지 유형의 동사는 단수와 복수로 구분해서 쓴다.

1 동사 활용법

be동사 단수는 am, are, is 등이 있다.
조동사는 can, will, may, must, shall, should, might, would, could 등이 있다.
일반동사는 be동사, 조동사를 제외한 나머지 동사가 일반 동사이다.

동사는 단수, 복수를 구별해서 쓴다. 복수는 단수에 s(es)를 붙인다.

- · 원형의 어미에 -s(es)를 붙인다.

  work - works   walk - walks

- · 어미가 ch, sh, s, x, ss 로 끝나면 -es를 붙인다.

  watch - watches   pass - passes

- · 자음 + y로 끝나면 y를 빼고 ies를 붙인다.

  study - studies   try - tries

> **[tip!]** 1, 2인칭에서는 have를 쓰고, 3인칭에서는 has를 쓴다. 복수는 인칭과 관계없이 have를 쓴다.

2 명사의 수(복수)

① 규칙변화

· 어미에 s 또는 es를 붙인다.

book – books   tree – trees

· 어미가 s, z, sh, x, ch로 끝나면 -es를 붙인다.

bus – buses   box – boxes   bench – benches   dish – dishes

· 자음 + y로 끝나면 y를 i로 고치고 es를 붙인다.

city – cities   lady – ladies

· 모음 + y로 끝나면 그대로 s를 붙인다.

boy – boys   monkey – monkeys

· 자음 + o로 끝나면 -es를 붙인다.

hero – heroes   patato – patatoes

· 어미가 f, fe로 끝나면 v로 고치고 -es를 붙인다.

leaf – leaves   wolf – wolves

② 불규칙변화

man-men   woman-women   foot- feet   tooth- teeth

· 어미에 en을 붙이는 것

ox – oxen   child – children

[tip!] 단순하게 생각해서 동사에 s(es)가 있으면 단수동사, 명사에 s(es)가 있으면 복수명사로 보면 된다.

3 동사 변화

동사는 현재, 과거, 과거분사(pp) 세 형태가 있다. 그 변화는 형태에 따라 규칙동사와 불규칙동사로 구분된다.

① **규칙동사 (-ed가 과거, 과거분사에 같게 붙는다.)**

· 원형의 어미에 -ed를 붙인다.

play – played – played   work – worked – worked   want – wanted – wanted

· -e로 끝나면 -d만 붙인다.

ive – lived – lived   like – liked – liked

· 자음 + y로 끝나면 y를 I로 고치고 -ed를 붙인다.

study – studied – studied   try – tried – tried

· 단모음 + 자음은 자음 하나 더 붙여준다.

stop – stopped – stopped   beg – begged – begged

[tip!] 과거나 과거분사도 외울 필요 없이 -ed가 있으면 과거나 과거분사로 보면 된다.

② **불규칙동사 (과거, 과거분사가 다른 형태로 바뀐다.)**

A-B-C	see – saw – seen	do – did – done
A-B-B	find – found – found	say – said – said
A-B-A	run – ran – run	come – came – come
A-A-A	put – put – put	hit – hit – hit

4 현재분사, 동명사 만드는 법

· 동사원형에 ~ing을 붙인다.

study – studying   work – working

· -e로 끝나면 e를 빼고 ~ing를 붙인다.

live – living   write – writing

· ie로 끝나면 ie를 y로 고쳐서 ~ing 붙인다.

die – dying   lie – lying

· 단모음 + 자음으로 끝나면 자음 하나 더 겹쳐 쓴 다음 ~ing를 붙인다.

swim – swimming   run – running

자동사와 타동사 구분하는 방법

자동사는 뒤에 목적어가 안 나오고, 형용사나 부사 형태가 나온다. 자동사와 타동사의 구분은 동사 뒤에 목적(대상)이 나오면 타동사, 대상(목적)이 없으면 자동사로 생각하면 된다.

[자동사 구분 예문]

1   This knife cuts well.

[해설]   뒤에 well 부사가 나왔으므로 cut은 자동사이다.

[해석]   이 칼은 잘 든다.

[어휘]   knife 칼

2   Her letters always read well.

[해설]   뒤에 부사 well이 나오므로 read는 자동사

[해석]   그녀의 편지는 감동을 준다.

[어휘]   always 항상

3   These shoes wear well.

[해설]   wear 뒤에 well이란 부사가 나와 wear는 자동사이다.

[해석]   이 신발은 오래 신는다.

[어휘]   wear 신다, 입다

4   The box broke open when it fell.

[해설]   broke 뒤에 open이라는 형용사가 나와 broke는 자동사

[해석]   상자가 떨어지자 깨어져서 열렸다.

[어휘]   break – broke – broken   깨지다

[타동사 구분 예문]

1   I like a teacher. [like의 목적어로 a teacher 명사가 나온다.]

2   I hate her. [hate의 타동사 목적어로 her 대명사가 나온다.]

③ I like to go there. [like의 타동사로 to go, to + 부정사가 목적어로 나온다.]

④ I enjoy playing the tennis. [enjoy 타동사의 목적어로 playing 동명사가 목적어로 온다.]

⑤ I think that he is honest. [think의 타동사로 명사절(that he is honest)가 목적어로 온다.]

[타동사 뒤에는 목적어로 명사, 대명사, to + 부정사, ~ing동명사, 명사절(that + s + v가 온다.]

[자동사 뒤에 목적어를 갖고 싶을 때 취하는 방법]

[예]　He lives (in) the house.

[해설]　자동사는 live는 뒤에 목적인 명사 the house가 못 나온다. 그래서 전치사 in을 명사 앞에 붙여서 전치사의 목적어를 만들면 된다.

[자동사, 타동사 예문]

1. The climate in Thailand is consisted _____ two seasons one hot and dry and the other humid and wet, and each season lasts about six months.

(A)　in　　　　(B)　of　　　　(C)　with　　　　(D)　for

[해석]　태국의 계절은 두 계절로 구성됐는데 한 계절은 덥고, 건조하고, 다른 계절은 비가 온다. 우기로 각 계절은 6개월 정도 지속한다.

[해설]　consist는 자동사로 뒤에 of가 나와 consist of가 되어, ~로 구성되다.

[정답]　B

[어휘]　humid 습한　　　wet 비가 오는　　　last 지속하다

2. Han kook, a rich tycoon (married with / **married**) his secretary two years ago.

[해석]　부자 거물 한국은 2년 전에 그의 비서와 결혼했다.

[해설]　married는 자체가 타동사이기 때문에 전치사 with가 오면 비문이다. with 필요 없다.

[어휘]　secretary 비서　tycoon 태풍, 거물

3. We (**regret** / regret for) the errors that appeared in the account book and have corrected them.

[해석]　우리는 회계 책에 나타난 실수를 유감으로 생각하고 수정했다.

[해설] regret는 자체가 타동사이기 때문에 전치사 for가 오면 비문이다. for는 필요 없다.

뒤에 전치사가 오지 않고 타동사로만 쓰이는 동사 marry, discuss, resemble, regret, exceed 등이 있다.

[어휘] regret 후회하다   appear 나타나다   account 회계   correct 수정하다, 고치다

[자동사는 수동태가 안된다.]

They (were disappeared / **disappeared**) when the members of a meeting finished the discussion.

[해석] 우리가 회의를 끝냈을 때 그들이 나타났다.

[해설] disappeared는 자동사이다. 자동사 수동태 be + pp 형태를 만들 수 없다. were를 생략한다.

[어휘] disappear 사라지다   discussion 토론

[자동사 + 전치사는 타동사구가 되어 타동사 역할을 한다.]

laugh at ~을 비웃다, consist of ~을 구성하다, wait for ~을 기다리다, result from ~에 결과가되다

[자동사, 타동사 구분 방법]

자동사는 대상(목적)이 필요하지 않은 것이고 타동사는 대상이 필요한 것 즉 목적이 필요하다.

> [tip!] 자동사는 목적어가 필요하지 않은 것이고, 타동사는 목적어가 필요한 것이다. 그래서 타동사와 전치사는 목적어를 갖는다.

[대표적인 자동사로]

1 live, appear, happen, arrive, rise, disappear, consist, remain.

2 2형식은 Be동사, Become동사, 감각동사 (smell, feel, look, taste, sound)가 있다.

3 이런 **자동사 뒤에는 반드시 보어 형태로 형용사가** 온다. 때에 따라서는 부사도 올 수 있다.

    ↳ be동사와 become동사 뒤에 형용사가 나온다.

[자동사 뒤에 보어가 나오는 예문]

1. All of the feedback from the seminar was _____ largely because most people in attendance found the topic very interesting.

   (A) impress   (B) impressive   (C) impression   (D) impressing

   [해석] 세미나의 모든 피드백은 매우 인상적이었다. 왜냐하면, 세미나에 참석했던 모든 사람이 주제에 매우 흥미를 느낄 수 있었기 때문이다.

   [해설] be(was)동사 뒤에 형용사가 온다.

   [정답] B

   [어휘] attendance 참석자   impressive 인상적인   find (찾다) – found – found

2. It doesn't sound _____ at now, but only two years ago people thought they were insane andlaughed at their idea.

   (A) strange   (B) strangely   (C) strangers   (D) stranger

   [해석] 이것은 지금 건전하게 들린다. 그러나 2년 전에 사람들은 그들이 제정신 아니라고 생각하고 그들의 생각에 대해 비웃었다.

   [해설] sound는 자동사이므로 뒤에 형용사 strange가 나와야 한다.

   [정답] A

   [어휘] insane 제정신이 아닌   laughed at ~을 비웃다

3. The number of those who remained _____ for more than one year.

   (A) job   (B) joblessness   (C) jobs   (D) jobless

   [해석] 많은 사람은 1년 이상 직업이 없었다.

   [해설] remain은 2형식(자동사)로 형용사가 정답이다.

   [정답] D

   [어휘] remain 유지하다   jobless 직업이 없는

현재분사와 동명사 구분하는 방법

1 현재분사, 과거분사

현재분사, 과거분사는 동사에 ~ing, ~pp를 붙여 **형용사** 역할을 한다.

[분사에 대해 알아보기]

be + ~ing (**현재분사**라 하고 능동의 뜻이 있다.)

  ↳ I am running at park. (주어 I 가, 능동으로 달리고 있다. 의미를 지니다.)

be + pp (**과거분사**라 하고 수동의 뜻이 있다.)

 [예시] The gate was painted green by me.

 [해석] 나는 문을 녹색으로 칠했다.

 [해설] The gate 입장에서 수동으로 칠해지고 있다.

 [어휘] gate 문 paint 칠하다

[분사는 무슨 역할을 할까?]

수식하는 분사가 단독으로 앞에서 뒤 명사를 수식하면 전치수식, 분사 뒤에 수식하는 수식어구가 있으면 후치수식한다.

앞에서 뒤에 명사를 수식한다. (전치수식)

 [예시] A rolling stone gathers no moss. (전치수식)

 [해석] 구르는 돌에는 이끼가 끼지 않는다.

 [해설] rolling이 뒤에 stone을 수식하는 현재분사이다.

 [예시] A **wounded** soldier lay bleeding. (전치수식)

 [해석] 부상당한 군인이 피를 흘리고 누워있다.

 [해설] wounded 가 뒤에 soldier를 수식하는 과거분사이다.

분사 뒤에 수식어(앞에 명사를 꾸며 주는 것)구가 있으면 뒤에서 수식한다. (후치수식)

[예시]   The man **driving that car** is my uncle. (후치수식)

[해석]   자동차를 운전하고 있는 사람이 나의 삼촌이다.

[해설]   driving이 뒤에서 man을 수식하는 현재분사이다. that car (수식어구)

[예시]   That car **driven by my uncle** is very expensive. (후치수식)

[해설]   driven이 뒤에서 car을 수식하는 과거분사이다. by my uncle (수식어구)

전치수식과 후치수식 구분하는 방법

분사 뒤에 명사가 있으면 전치수식하고, 분사 뒤에 수식어구가 있으면 뒤에서 후치수식한다. 분사는 80% 이상이 후치수식이다.

[후치수식에 대해서 알아보기]

영어는 뒤에서 앞에 명사를 꾸미는(수식하는) 것이 있는데 to + 부정사, 현재분사(~ing) 와 과거분사(~pp), 그리고 관계대명사가 있다.

[후치수식 종류]

① to + 동사원형이 뒤에서 앞에 명사를 수식해서 "~할"로 해석된다.

[설명] "해야 할 숙제"에서 숙제는 homework, 하다는 do이다. 여기에 to가 do 앞에 나와서 homework을 수식한다.

[해결] homework to do (가야 할 집)

[영작] **나는 해아 힐 숙제가 있다.**

주어(나는 I), 동사(있다=가지다) have, 해야 할 숙제(homework to do)

[완성] I have homework to do.

② ~ing(현재분사) 능동 뜻으로 "~하고 있는" 뜻으로 해석된다.

[설명] "날고 있는 새"에서 새는 a bird, 날고 있는 flying. 여기서 flying은 뒤에서 앞에 있는 새를 수식해 준다.

[해결] a bird flying

[영작] **나는 하늘을 날고 있는 새를 보았다.**

주어 I, 동사(보았다) saw(see-saw-seen) 동사가 ㅆ받침으로 끝나면 과거동사를 쓴다. 새를 a bird 하늘에서(in the sky) ~안에 뜻을 가지고 있는 전치사는 in이다.

[완성] I saw a bird flying in the sky.

③ ~pp(과거분사) 수동의 뜻으로 "~당해진" 뜻으로 해석된다.

[설명] "떨어진 낙엽"에서 낙엽은 a leave, 떨어진(fell-fall-fallen) fallen은 뒤에서 앞에 나온 낙엽을 수식한다.

[해결] a leave fallen

[영작] **나는 땅에 떨어진 낙엽을 볼 것이다.**

[해설] 주어 I 동사(볼 것이다)는 미래를 나타내주는 조동사 will이 오는데, 조동사 뒤에는 동사원형이 온다. 그래서 will see, 다음으로 낙엽(a leave)이 오고, 떨어진(fallen)이 뒤에서 앞에 명사 leave (낙엽)을 수식해준다. 그리고 마지막으로 "땅에" on the ground가 온다.

전치사 on은 밀접하게 접촉하는 뜻이 있다. 일요일에(on Sunday) 땅에 접촉하는 의미로 on이 와서 on the ground가 된다.

[완성] I will a leave fallen on the ground.

④ **관계대명사는 뒤에서 관계대명사 앞에 있는 명사를 수식해준다.**

명사를 수식해주는 관계대명사는 주어 + 동사로 이루어져 있어서 관계대명사를 형용사절이라고 한다.

[설명] 소년(a boy) "그는 매우 친절하다"(He is very kind) 그런데 "그는 매우 친절하다"가 뒤에서 소년을 수식한다.

a boy that(who) he is very kind 이런 문장으로 쓸 수 있다.

명사 뒤에 that, which, who, whom 등이 나오면 무조건 뒤에서 앞에 명사를 수식해준다고 생각하면 된다.

[영작] **나는 매우 친절한 소년을 안다.**

주어 "나는" I 가 온다. I 다음에 "동사"(안다) know 가 온다. 한 소년(a boy) 그런데 이 소년은 어떤 소년일까? 뒤에서 소년을 매우 친절한 소년이라고 수식해주면 된다.

[완성] I know a boy that he is very kind.

[다시 확인하기] - 분사 후치수식

1 Recently Hong Kong's booming economy has become a magnet for Asian women (sought / **seeking**) better opportunity.

[해석] 최근 홍콩의 경제 붐이 훨씬 더 좋은 기회를 추구하는 아시아 여성들에게 도화선이 되었다.

[해설] sought는 뒤에서 women을 꾸미는 과거분사(수동)인데, 여기서는 좋은 기회를 추구하는 여성이라는 능동인 현재분사 seeking가 된다. 뒤에 수식어 better opportunity가 있으므로 후치수식한다.

[어휘] magnet 좌석, 도화선   opportunity 기회

[동명사에 대해 알아보기]

동명사는 동사에 ~ing을 붙여 명사 형태로 만들어 주는 것이다.

[예문] Learn English is easy.

[해설] 주어가 동사 learn으로 나와 있다. 그런대, 이 learn은 명사나 대명사 형태가 없으므로 명사 상당 어구인 **주어(목적어)가 되는 [to + 부정사, ~ing(동명사), 명사절(that + 주어 + 동사, 의문사 + 주어 + 동사)]** 형태를 만들어 주어 역할을 하게 된다.

[해결] 동사에 ~ing을 넣어서 learn을 동명사로 만든다. **Learning English is easy.** 이다.

[동명사와 분사의 구분]

동명사는 동사의 잔재가 남아 있으므로 뒤에 목적어인 명사(명사 상당어구)가 나오고, 분사는 목적어가 안 나온다. 예문 learn은 앞서 나온 예문 ~English가 있어서 Learning을 동명사로 본다.

분사는 부사절 형태이기 때문에 뒤에 **목적어가 안 나온다.**

Walking along the street, I met an old friend of mine.

walking 뒤에 along the street라는 부사구가 나오는 거로 봐서 walking은 분사이다.

분사는 형용사(~하고 있는), **동명사는 명사**(~하기 위한) 이므로 해석을 통해서도 구분한다.

A sleeping baby   (자는 아이, 분사)

A sleeping car   (잠자기 위한 차 침대차, 동명사)

A swimming pool   (수영하기 위한 pool 수영장, 동명사)

A swimming boy   (수영하는 소년, 분사)

Time 2

Grammar

문의 종류와 문형

'＊'는 시험에 자주 출제되니 반드시 확인 정리가 필요하다.

1-1 하나의 문장에는 반드시 주어 + 동사가 나온다.

[예1] The government _____ the current tax system under the principle of expanding the tax base.

(A) overhauling　　　(B) overhaul　　　(C) overhauled　　　(D) had overhauled

[해석] 정부는 과세표준을 늘린다는 원칙 아래에 현행세금제도를 정비했다.

[정답] C

[해설] 주어 뒤에 밑줄이 그어져 있으면 동사를 묻는 문제이다. B가 답이 되려면 단수 표시 s가 있어야 한다. overhauls

[어휘] government 정부　　　current 현재의　　　principle 원칙
　　　expand 확장하다　　　overhaul 점검하다

1-2 5형식(시키다 뜻을 내포하는 동사) 다음 목적격보어는 반드시 to + 동사원형이 온다.

＊ 5형식 동사 : (시키다, 명령하다, 허락하다) + 목적어 + **to + 동사원형**(목적격보어) 문제가 출제된다. [allow, permit, enable, want, encourage...]

1-3 자동사(목적어가 필요하지 않은 것) 자동사는 become, appear, remain 뒤에 형용사를 묻는 유형 정도만 출제된다.

＊ 대표적인 자동사 : become, appear, remain, lie, rise, arrive at, depend on, participate in, respond to, speak to, talk about

☞ 동사 뒤에 전치사가 있으면 자동사로 보면 된다.

* **1-4** 영어에서 주어, 목적어, 보어가 되는 것에 대해 알아보자

[주어, 목적어가 되는 것]

  명사, 대명사, to + 동사원형(부정사), ~ing(동명사), 명사절(that=의문사 + 주어 + 동사)

[보어가 되는 것]

  명사, 형용사, ~ing(현재분사), ~pp(과거분사), ~ing(동명사), 명사절(that = 의문사 + 주어 + 동사)

[목적어를 필요로 하는 것]

  타동사, **전치사**, 자동사 + 전치사

[예1] U.S. factory orders _____ in March amid strong demand for transporation equipment.

(A) rose   (B) raised   (C) to rise   (D) raising

[해석] 운송장비에 대한 수요의 오름세 속에서 3월에 미국의 주문이 증가했다.

[정답] A

[해설] 밑줄 뒤에 전치사가 있는 것으로 보아 빈칸에는 자동사가 와야 한다.

[예2] The current prime rate has remained for a considerable period of time _____ changes in market interest rate.

(A) although   (B) nevertheless   (C) despite   (D) however

[해석] 시장 이자율의 변화에도 불구하고 현행 표준금리는 상당기간 변하지 않았다.

[정답] C

[해설] 뒤에 명사 changes가 나오므로 전치사 despite가 정답

[예3] The city plans to seek _____ by the end of this month via the Paris Fashion Design Center.

(A) applicants   (B) applicable   (C) applicably   (D) apply

[정답] A

[해설] seek(타동사) 뒤에는 목적어로 명사가 나온다.

[예4] We have referred _____ for all our field employees.

(A) reliable   (B) relian   (C) reliance   (D) rely

[해석] 우리는 모든 현장 직원의 신용을 조회했다.

[정답] C

[해설] 타동사 referred 뒤에는 명사가 나온다.

[예5] To _____ our current number of employees, the dependents hospitalization coverage must be discontinued.

(A) maintenance   (B) maintain   (C) maintained   (D) maintaining

[해석] 현재의 직원 수를 유지하기 위해서는 부양가족까지 보상하는 것을 중단해야만 한다.

[정답] B

[해석] to + 부정사가 주어로 나온다.

[예6] Local media yesterday said _____ KEB might help the chipmaker to increase its capital.

(A) despite   (B) in case   (C) that   (D) while

[해석] 지역 매스컴은 어제 KEB가 자본을 늘리기 위해 반도체 제조회사들을 도울 수 있다고 말했다.

[정답] C

[해설] 타동사 said 목적어(명사절)로 that + 주어 + 동사가 나온다.

[예7] Tom's management appears _____ too much on its own numbers ignoring external warning signs.

(A) relied   (B) to have relied   (C) relying   (D) to having relied

[해석] Tom's 경영진의 외부의 경고 신호를 무시하고 너무 자체 내의 수치에 의존한 것으로 보인다.

[정답] B

[해설] appear 뒤에 밑줄이 그어져 있고 들어갈 동사 형태를 고르는 문제이면 to + 부정사가 답이고, 품사(명사, 형용사, 동사, 부사를)를 묻는 문제이면 형용사가 답이다.

[예8] New promising industries suitable to Korea should be _____ .

(A) establish   (B) established   (C) establishment   (D) establisher

[해석] 한국에 적합한 새로운 유망 사업들이 설립되어야 한다.

[정답] B

[해설] be동사 뒤에 형용사가 나온다. 분사형용사 established가 정답이다.

부정사 (Infinitive)

2-1 부정사와 동명사를 목적어로 받는 동사

* to부정사를 목적어로 받는 동사(미래나 목적 ~하기 위해서)의 뜻을 가지고 있는 동사
  [want, hope, allow, expect, enable, ask] 동사 뒤에 **to + 동사원형**이 목적어로 나온다.

[예1] The World Wide Web allows the user to _____ pictures of the products and detailed descriptions.

(A) displaying   (B) display   (C) be displaying   (D) be displayed

[해석] 사용자는 인터넷으로 제품의 사진이나 상세한 설명을 보여줄 수 있다.
[정답] B
[해설] allow는 목적격보어를 to + 동사원형으로 받는다.

[예2] Our long experience in the book business has cnablcd us _____ the best customer service possible.

(A) providing   (B) to provide   (C) provide   (D) having providing

[해석] 오랫동안 서적 사업을 한 경험 덕분에 소비자에게 최고의 서비스를 제공해 올 수 있었다.
[정답] B
[해설] enable 동사는 목적격보어를 to + 동사원형으로 받는다.

* ~ing 동명사를 목적어로 받는 동사는 과거나 경험적인 뜻을 가지고 있다.
  [mind, finish enjoy, consider, discontinue...] 동사는 뒤에 **동명사 ~ing**가 온다.

[예3] Because the position has been filled, we shall discontinue _____ an ad in newspaper.

(A) place   (B) placing   (C) placed   (D) to place

[해석] 그 자리가 다 찼으므로 우리는 신문 광고를 중단할 것이다.

[정답] B

[해설] discontinue는 동명사를 목적어로 받는다.

2-2 5형식(시키다, 원하다 뜻이 있는 동사)임에도 사역, 지각동사는 to + 동사원형이 나오지 않고, 동사원형이 나온다.

* 사역(지각) + 목적어 + 목적격보어(사역동사 : have, make, let), (지각동사 watch, see, observe ...) + 목적어 + 목적격보어는 **동사원형**이 온다.

[tip!] help는 반 사역의 의미가 있기 때문에 to, 동사원형 양쪽이 나올 수 있다.

2-3 사역이나 지각동사는 목적격보어가 반드시 동사원형이 나오는 것이 원칙인데 경우에 따라 목적격보어 자리에 ~ing(현재분사), ~pp(과거분사)이 나올 수 있는데 이때 목적격보어가 ~ing이면 목적어 입장에서 능동, ~pp이면 목적어가 수동의 의미를 갖는다.

[예1] To complete the new forms correctly, please have them to _____ enclosed bulletin carefully.

(A) to be read (B) be reading (C) to reading (D) read

[해석] 그들에게 동봉된 통지서를 주의 깊게 읽게 해서 새로운 서식을 제대로 작성하게 해주세요.

[정답] D

[해설] 사역동사 have가 오면 목적격보어는 to + 동사원형이 온다.

[예2] Should anything be wrong, please let me _____ immediately so we can make it right.

(A) to be read (B) be reading (C) to reading (D) read

[해석] 문제가 생기면, 수정할 수 있도록 우리에게 즉시 알려주세요.

[정답] D

[해설] 사역동사 let은 목적어 + 목적격보어로 동사원형이 온다.

[예3] Making uses of the internet allows companies _____ their geographic reach greatly.

(A) expand   (B) expanding   (C) to expand   (D) expanded

[해석] 인터넷의 이용으로 회사는 그 지리적 범위를 대단히 확장할 수 있게 되었다.

[정답] C

[해설] allow 동사가 있으면 목적어 다음 목적격보어는 to + 동사원형이 나온다.

2-3 중요 구문

(1) used to + Root ~하곤 했다.
(2) be used to + ~ing ~에 익숙하다.
(3) be used to + Root ~에 사용하다.

[예1] For years I have been used to _____ up at 6:45.

(A) have got   (B) get   (C) getting   (D) have getting

[해석] 나는 수년 동안 6시 45분에 일어나는 데 익숙해져 있다.

[정답] C

[해설] be used to~ing가 나온다.

2-4 make, find, think 동사 뒤에 it(가목)이 나오고 목적격보어는 반드시 to + 동사원형이 나온다.

* make, find, think + it(가목) ... 형용사 + 목적어 + **to + 동사원형**(목적격보어)

[예1] Miss Sophia and Mr. Chung are so busy that it is difficult for them _____ so early.

(A) coming   (B) come   (C) to come   (D) to coming

[해석] 소피아 양과 정 선생은 너무 바빠서 일찍 오기가 어려울 것이다.

[정답] C

[해설] 가주어(it), 형용사(difficult) to + 동사원형 형태를 묻는 문제이다.

[예2] The modernization of the infrastructure makes it possible _____ our presence in a wide range of industries.

(A) expand   (B) to expand   (C) expanding   (D) expandable

[해석] 산업 기반의 현대화로 우리의 존재를 폭넓은 산업 영역으로 확대하는 것이 가능하다.

[정답] B

[해설] make + it + 형용사 + to + 동사원형이 온다.

분사 (Participle)

3-1 형용사 역할을 하면서 뒤에서 앞에 명사를 수식하는 후치수식(~ing현재분사), (~pp 과거분사)이 많이 나온다.

* **[후치수식으로 쓰이는 4개를 살펴보면]**
  (1) the right to think(부정사) 앞에 명사를 수식하면 <~할>로 해석된다.
  (2) A bird flying in the sky(현분=능동의 의미)
  (3) A leave fallen on the ground(과분=수동의 의미)
  (4) A boy who is kind(관대)
       [확인法] 명사가 있고 뒤에 밑줄이 있으면 후치수식 문제로 보면 된다.

[예1] The Franklin Corporation encourages employees in the its _____ company insurance plan.

(A) participate   (B) participate   (C) participan   (D) participating

[해석] 플랭클린사는 직원들에게 회사보험 제도에 참여하기를 권하고 있다.

[정답] D

[해설] 앞에 있는 employees를 뒤에서 수식해주는 분사문제이다. employees가 능동적으로 회사보험 제도를 참여하기를 권장하고 있다.

[예2] We must find new ways _____ manufacturing costs.

(A) reduce   (B) to reduce   (C) of reducing   (D) reducement

[해석] 우리는 생산비용 절감을 위한 새로운 방법을 모색해야 한다.

[정답] B

[해설] 명사 ways를 뒤에서 후치수식 하는 to + reduce가 나온다. "~하기 위한"으로 해석된다.

[예3] Please compile a list of all products _____ to carry the number within this fiscal year.

  (A) expecting   (B) expected   (C) expect   (D) expectedly

  [해석] 올 회계연도 이내에 그 수가 이행될 거라 예상되는 모든 상품의 목록을 만들어라.

  [정답] B

  [해설] 명령문이므로 주어(생략) + 동사(compile)이고 products가 명사이고 뒤에서 명사를 수식하는, 수동을 나타내는 과거분사 expected가 온다.

3-2 분사구문(부사절)

 * (1) 일반적으로 문장 맨 앞에 나오는 ~ing, ~pp가 있으면, (콤마) 뒤에 주어를 보고 능동인지 수동인지를 따져봐서 주어가 능동이면 ~ing, 수동이면 ~pp이다.

   (2) **문장 중간에 콤마**가 나오고 분사가 있으면 **거의 ~ing가 답이다.** ~pp인 경우 주어가 수동이면 pp이다.

[예1] In recent years, too many companies have focused on profit and competition, _____ customers to fend for themselves.

  (A) placed   (B) which   (C) placing   (D) is placing

  [해석] 최근 몇 년 동안 너무 많은 기업이 소비자들 스스로 꾸려나가도록 놓아둔 채 이익과 경쟁에만 몰두해왔다.

  [정답] C

  [해설] 콤마 뒤에 밑줄이 있으면 V-ing가 정답이다. 두 절을 연결하는 접속사가 없는 것으로 보아 접속사가 생략된 분사구문이 나와야 한다.

 * (1) 감정을 나타내는 형용사는 사람이면 pp 사물이면 ~ing 로 나온다.

   [satisfy, interest, bore, excite, surprised, frightened...]

[예2] I was _____ with you for not making a payment on your overdue account.

  (A) disappoint   (B) disappointed   (C) disappointment   (D) disappointing

[해석]   나는 당신이 기일이 지난 청구서를 내지 않아 매우 실망했습니다.

[정답]   B

[해설]   인간의 감정을 나타내는 분사 문제이다. 실망하는 주체는 사람이므로 V-ed

[예3]   The prospect of joining your firm is very _____.

(A) excitable   (B) excitedly   (C) excitement   (D) exciting

[해석]   귀사에 입사하는 모습을 그려보면 매우 흥미진진합니다.

[정답]   D

[해설]   be동사 뒤에 부사 very가 오고 뒤에 형용사가 나오는 문제이다. excitable도 정답이 될 수 있으나
          감정을 나타나는 형용사 exciting이 정답이다.

동명사 (Gerund)

4-1 부정사와 동명사를 목적어로 받을 때 차이

forget, remember, stop, try(과거나 경험을 나타내는 동사는 목적어로~ ing(동명사)가 나온다.
want, hope, expect,(미래적이거나 목적 ~하기 위해서) 동사 뒤에는 to + 동사원형이 목적어로 온다.

[tip!] 해석을 해봐서 동사가 과거나 경험적이면 동명사가, 미래나 목적적이면 to + 동사원형이 목적어로 나온다.

4-2 시험에 자주 나오는 동명사의 관용어구

(1) cannot help ~ing (~하지 않을 수 없다)
(2) A prevent B from ~ing (A 때문에 B 할 수 없다)
(3) feel like ~ing (~하고 싶다)
(4) be busy ~ing (~하는데 바쁘다)
(5) be worth ~ing (~할 만한 가치가 있다)

* 4-3 전치사 다음에 나오는 단어가 동사 형태이면 반드시 동명사가 답으로 나온다.

[예1] After _____ branches in Los Angeles, New Yorkm and Honolulu, Breakwind
Travel Agency's next expansion will be international.

(A) launch   (B) launched   (C) launches   (D) launching

[해석] 로스앤젤레스, 뉴욕 그리고 호놀룰루에 지점들을 개장한 후, Breakwind 여행사의 다음 확장은 해외가 될 것이다.

[정답] D

[해설] 전치사 after 뒤에는 동명사가 답으로 나온다.

시제(Tense)

5-1 ago, before

ago ~전에 : 문장에 ago가 있으면 반드시 과거시제가 나온다.

She **graduated** from college two days **ago**.

[예1] When the new systems _____ two years ago, we selected computers with plenty of capacity.

  (A) was installed   (B) had installed   (C) is installed   (D) installed

  [해석] 2년 전 새로운 시스템을 설치할 때 우리는 대용량 컴퓨터를 선택했다.

  [정답] A

  [해설] ago는 과거시제를 답으로 한다.

before ·-전에 : 문장에 before가 있으면 반드시 과거완료가 나온다.

[예시] She **had graduated** from college two days **before**.

5-2 since

* since, so far(~이래로) 뜻을 가진 since가 문장에 있으면 반드시 현재완료가 나온다.

[예1] The Snack Food Division's sales _____ almost steadily since 2017.

  (A) declin   (B) declined   (C) are declined   (D) have declined

  [해석] 2017년 이후로 스낵 부문의 판매가 거의 점진적으로 하락해왔다.

  [정답] D

  [해설] since가 보이면 현재완료가 정답이다.

by, by the time 등이 문장에 나오면 반드시 미래시제가 온다.

[예2] She ＿＿＿＿＿ the work **by the time** he arrives.

  (A) finishes   (B) has finished   (C) had finished   (D) will have finished

  [해석]   그녀는 그가 도착할 때쯤이면 그 일을 끝마칠 것이다.

  [정답]   D

  [해설]   by the time이 있으면 미래시제가 정답이다.

5-3 미래형 대용

시간과 조건의 부사절에서는 현재동사가 미래를 대신한다.

When he **comes** back, I'll let you know it. [will come(x)]

If it **rains** tomorrow, I'll stay at home.   [will rain(x)]

[예1] I ＿＿＿＿＿ making the announcement until you come back.

  (A) have delayed   (B) delay   (C) will delay   (D) delayed

  [해석]   당신이 돌아올 때까지 발표를 연기할 것이다.

  [정답]   B

  [해설]   시간접속사 until(~할 때까지) + you(주어) come(동사) 부사절에서는 현재가 미래를 대신하기
때문에 앞에 동사를 will delay라 하지 않고 현재동사 delay를 쓴다.

조동사 (Auxiliary verbs)

* **6-1** can, will, may, must, should... 조동사 뒤에는 반드시 동사원형이 온다.

[예1] Candidates for the position of City Financial Director will _____ for interviews at the appointed time.

(A) arrived   (B) arriving   (C) arrive   (D) arrives

[해석] 시의 재무 국장직에 지원한 후보자들은 지정된 시간에 면접에 도착할 것이다.

[정답] C

[해설] 조동사 뒤에 동사원형이 나온다.

* **6-2** should

요구, 주장, 명령, 결정, 제안, 충고, 추천(insist, require, request, order, demand, decide, suggest, advice, rccommend)와 이성적 판단의 형용사(necessary, important, imperative) 뒤에는 S + should + root 형태로 나온다. **이때 should 생략할 수 있다.**

[예1] It is necessary that corporate restructuring _____ in a continual and timely manner in the future.

(A) be promoted   (B) promotes   (C) promoted   (D) promote

[해석] 미래의 기업 구조조정은 계속적이고 시기적절하게 장려할 필요가 있다.

[정답] A

[해설] 이성적 판단의 형용사 necessary가 있으므로 that절에 should가 생략된 동사 원형을 쓴다.

[예2] He insisted that the government _____ additional public funds.

(A) raise   (B) have raised   (C) raised   (D) was raised

[해석]   그는 정부가 공적자금을 추가 조성해야 한다고 주장했다.

[정답]   A

[해설]   insist 동사가 있으므로 that절 뒤에 주어 + (should) + 동사원형이 나온다.

수동태 (Voice)

7-1 수동태는 현재완료수동(have been + pp), 진행수동(be + being + pp) 형태의 수동태가 시험에 출제된다.

* **7-2** 수동태 문제에서 동사에 괄호나 밑줄이 있으면 동사가 능동인지 수동인지는 앞에 주어를 보고 능동, 수동을 판단한다. [be + pp 뒤에는 목적어는 안 나온다]

[예1] So many international business letters _____ in English.

(A) are written   (B) was writing   (C) had writte   (D) will write

[해석] 아주 많은 국제적인 업무용 편지들이 영어로 쓰인다.

[정답] A

[해설] 괄호 앞에 주어 letters가 능동으로 스스로 편지를 쓸 수는 없다. 편지는 사람들에 의해서 쓰여지기 때문에 수동이 되어야 한다.

[예2] In most organization, decisions _____ at the top then flow down to the people who will carry them out.

(A) make   (B) are made   (C) will make   (D) have made

[해석] 대부분의 조직체에서는 고위직이 결정하고, 그 결정은 수행할 사람에게 전달된다.

[정답] B

[해설] 주어인 decisions가 스스로 결정을 내릴 수 없다. 수동인 are made가 정답.

* **7-3** 자동사는 수동태가 될 수 없다. (동사 뒤에 전치사가 있으면 자동사)

[happen, disappear, arrive, risen, function, consist] 이런 동사는 be + pp가 될 수 없다.

[예]1 They _____ when the members of a meeting finished the discussion.

(A) disappear   (B) were disappeared   (C) had disappeared   (D) disappeared

[해석] 회의가 끝난 후 임원들은 회의장에서 사라졌다.

[정답] D

[해설] disappear는 자동사이므로 수동태를 만들 수 없다. 과거시제이므로 과거동사가 나와야 한다.

7-4 be + p.p 뒤에 동사는 무조건 목적어가 안 나온다.

[예]1 When a secretary for an executive, special care should be taken not _____ the caller.

(A) offend   (B) to offend   (C) offending   (D) offendant

[해석] 경영자의 전화를 받는 비서는 전화 건 상대의 감정이 상하지 않도록 특별히 조심해야 한다.

[정답] B

[해설] 뒤에는 전치사 + 동명사, 명사가 나오거나 어떤 형태도 나오지 않는다.

가정법 (Mood)

가정법
가정법 과거 If 주어 + were(일반과거동사) ... 주어 + would, should, could, might + 동사원형 **가정법과거완료** If S + had +pp ...... would, should, could. might have + pp

* 8-1 가정법 과거

[예1] If you found the initial expense, you _____ your account for $300 more easily.

  (A) find   (B) found   (C) will find   (D) would find

[해석] 당신이 초기 비용을 찾는다면 낭신의 예금이 3백 달러라는 것을 더 쉽게 발견할 것이다.

[정답] D

[해설] If 주어 + 일반 과거동사(found) ... 주어 + would + 동사원형이 나온다.

* 8-2 가정법 과거완료

[예1] If I had known your needs before May 20, I _____ shipped Model2 immediately.

  (A) much have   (B) could have   (C) have   (D) had

[해석] 내가 만일 5월 20일 이전에 당신이 필요로 하는 것을 알았더라면 Model2를 보내주었을 것이다.

[정답] B

[해설] 문 앞에 If가 있고, 뒤에 had + pp ... 주어 + could have + pp(shipped) 형태로 나온다.

일치 (Agreement)

* **9-1** **동사에 밑줄이 그어져 있으면 주어 찾기 문제이다.**

  주어가 복수이면 동사는 원래 형태의 동사를 써주고, 단수이면 s(es)가 온다.

[예1] 주어는 문장 맨 앞에 나온다. 콤마가 있는 경우 콤마 뒤에서 주어를 찾는다.

To climb step hills **requires** slow pace at first.

[해설] 주어는 To climb 단수이다. 주어를 찾을 때 단어가 여러 개 놓여 있으면 주어는 문장 맨 앞에서 찾는
다. 주어가 단수가 되기 때문에 동사는 단수 표시로 s(es)를 쓴다.

Time 4

Grammar

접속사와 절 (Conjunction & Clause)

10-1 한 문장에 주어+동사가 2번 나오는 경우는 아래의 형태로 문장이 구성된다.

* ⓵. 종속접속사 + 주어 + 동사, 주어 + 동사
* ⓶. 주어+ 동사 + 종속접속사 주어 + 동사
* ⓷. 전치사 + 명사, 주어 + 동사

접속사	
시간	when, after, while, once(일단~하면), as soon as(~하자마자), before, until(~할 때까지)
조건	if, unless(~하지 않는다면), in case(that) 만약의 경우에, in the event(that) 만약 ~한다면
이유	because, as, since(~때문에)
양보	although(though) ~임에도 불구하고, even if(though) ~에도 불구하고

[예1] _____ the MOU is focused on bilateral cooperation, we plan to discuss cross listing.

(A) Even though   (B) In spite of   (C) Owing to   (D) Despite

[해석] MOU가 쌍무적 협조에 초점이 맞춰져 있음에도 불구하고 우리는 교차상장에 대해 토론할 계획이다.

[정답] A

[해설] 종속접속사 + 주어 + 동사, 주어 + 동사 형태로 종속접속사 Even though가 정답이다.

[예2] Most will verify previous employment and education before hiring candidates, _____ recruiters can't check everything.

(A) However   (B) Therefore   (C) Although   (D) Meanwhile

[해석] 비록 인력 조사자들이 모든 것을 검토할 수 없어도 후보자 고용 이전에 대부분 경력과 교육 정도를 확인할 것이다.

[정답] C

[해설] 주어(Most)+동사(will verify)+종속접속사(Although)+주어(recruiters)+동사(can't check) 형태로 종속접속사(Although)가 정답이다.

10-2 등위 상관접속사

either, neither, both 등이 보이면 뒤에 or, nor, and가 오는지 살펴본다.

1. either A or B   [A, B 둘 중 하나]
2. neither A nor B [A, B 양쪽 다 아니다]
3. both A and B   [A, B 둘 다]
4. not only A but also B (B as well as A)   [A뿐만 아니라 B도]
5. whether ~A or (not) [A 인지 아닌지]

[예1] Once you reach consensus, respond to the boss _____ in individual memos or a team-written memo.

(A) neither   (B) either   (C) nor   (D) or

[해석] 일단 합의에 이르면, 개인적으로든 팀이 작성한 메모이든 사장에게 답하시오.

[정답] B

[해설] or는 either와 짝을 이룬다. either ~ or

[예2] We can't neither repair _____ replace your mattress because those impressions are perfectly normal.

(A) or   (B) nor   (C) and   (D) too

[해석] 도장이 완벽하게 정상이기 때문에 우리는 당신의 매트리스를 보수하거나 바꾸어 줄 수 없다.

[정답] B

[해설] neither ~ nor로 나온다.

10-3 so + (형용사) + that, such + 명사 + that 구문 [너무나 ~해서 ~할 수 없다]

too가 있고 밑줄이 있으면 to를 답으로 찾는다.

He is so young that he cannot go to school.
=He is **too** young **to** go to school.

[예1] The market situation is _____ tight that even several healthy enterprises are being pushed over the edge.

  (A) even though   (B) such   (C) so   (D) so long as

  [해석] 시장 상황이 너무 긴축되어 몇몇 건실한 기업들까지도 위기로 내몰리고 있다.

  [정답] C

  [해설] so + 형용사(tight) + that 구문이다.

He is so wise that he can solve the problem.
= He is wise **enough to** solve the problem.
This book is written is **such** easy English **that** even beginners can read it.

[예2] She had _____ high attendance that she was delighted.

  (A) so   (B) such   (C) many   (D) many

  [해석] 그녀는 참석자가 많아서 기뻤다.

  [정답] B

  [해설] such ~ 명사(attendance) + that 구문이다.

* **10-4** in order to, so as to, to + 동사원형이 오면 부정사의 목적표시 ~하기 위해서이다.

He works hard so that he may pass the exams.

= He works hard **in order to** pass the exams.

[예]3] You must provide enough information _____ the reader can find the complete

details in the bibliography.

(A) therefore   (B) so that   (C) in order   (D) whereas

[해석] 독자들이 저서 목록에서 모든 세부사항을 찾도록 충분한 정보를 제공해야 한다.

[정답] B

[해설] so that ~may(can) ~하기 위해서 목적표시를 나타낸다.

관계대명사 (Relative)

선행사	주격	소유격	목적격
사람	who	whose	who / whom
사물	which	of which / whose	which
사람, 사물	that		that

* **11-1** **관계대명사 격 따지는 법으로 뒤에는 불완전한 문장이 나온다.**

① 관계대명사 뒤에 **동사가 나오면 주격**이다.

② 관계대명사 뒤에 **(대)명사 + 타동사가 나오면 목적격**이다.

② 관계대명사 뒤에 **명사가 나오면 소유격**이다. (소유격은 완전한 문장이 온다.)

[예1] certificate of participation will be given to all cyclists _____ finish the race.

(A) whose   (B) whom   (C) who   (D) what

[해석] 참가증명서는 경주를 끝낸 모든 사이클리스트에게 주어질 것이다.

[정답] C

[해설] 밑줄 뒤 finish는 동사이다. 주격 who가 정답이다.

[예2] The notice announced the recall of a heater _____ the company manufactured domestically.

(A) what   (B) who   (C) which   (D) whose

[해석] 공지는 회사가 국내에서 제조한 난방기구의 리콜조치를 알리는 것이다.

[정답] C

[해설] 밑줄 뒤 명사(the company), 타동사(manufactured)가 있으므로 목적격 관계대명사 which가 정답으로 온다.

[예]3] Herb is a sale manager of Benson Industries, Inc. _____ home office is here in Cincinnati.

(A) that   (B) which   (C) who   (D) whose

[해석] 허브는 본사가 여기 신시내티에 있는 벤슨 산업회사의 영업부장이다.

[정답] D

[해설] 밑줄 뒤에 명사(home office) + 동사(is)가 있어서 소유격 관계대명사이고 완전한 문장이 온다.

* 11-2 관계대명사 what은 앞뒤 문장이 불완전한 문장이다.

1. 선행사 포함(the thing which, all that, that which)

Give them what they want.

[설명] give는 ~을, ~에게 주다 수여동사로 목적어를 2개 갖는다. them만 있어서 하나가 더 필요하고 want는 타동사로 뒤에 목적어가 나와야 한다. 그런데 목적어가 없다. what은 이 단어 자체 안에 2개의 목적어를 가지고 있다.

[예]1] Restructuring is a long-term policy goal, while boosting the economy is _____ the government should do now.

(A) what   (B) which   (C) that   (D) whose

[해석] 경제를 부양하는 것이 지금 정부가 해야 할 일지만 구조조정이 장기적인 정책목표다.

[정답] A

[해설] is 뒤에 명사절(보어)로 that + 주어 + 동사가 있어야 하고, 또한, do 목적어가 있어야 된다. 앞 뒤가 불완전 문을 취하고 있다. 단어 2개를 가지고 있는 what이 나온다.

[tip!] what 뒤에 완전한 문장이 나오면 what은 의문사로 보면 된다.

* **11-3** 관계대명사 문제에서 콤마 뒤에 밑줄이 있고 선택지에 which가 있으면 which를 정답으로 한다.

[예1] You have had the mower for 15 months, _____ is well beyond our one-year guarantee.

(A) who　　(B) which　　(C) what　　(D) that

[해석] 당신은 15개월 동안 잔디 깎는 기계를 이용해왔는데, 이는 1년의 보증기간이 지난 것이다.

[정답] B

[해설] 콤마가 나오고 뒤에 밑줄이 있으면 which를 정답으로 한다.

11-4 관계대명사 뒤 동사에 밑줄이 그어져 있으면 앞에 있는 선행사를 보고 단수, 복수를 판단한다.

[예1] The department has set up a shopping mall that _____ funeral-concerned goods.

(A) sold　　(B) have sold　　(C) sells　　(D) sell

[해석] 그 부서는 장례용품을 파는 쇼핑몰을 설립했다.

[정답] C

[해설] 관계대명사 that 뒤에 줄이 있으면 앞에 선행사(mall)에 수를 일치시킨다. 선행사가 단수(a shopping mall)이므로 단수동사를 찾는다.

관계부사 (Relative & Adverb)

* `12-1` 관계부사의 종류

관계부사(전치사 + 관계대명사) 뒤에는 반드시 완전한 문장으로 나온다.

1. (the place) where... 장소

   This is the house (**where**) we will live.

2. (the time) when... 때

   I don't know the time (**when**) he arrived here.

3. (the reason) why... 이유

   I don't know the reason (**why**) he did.

[예1] Tom and his friends came to the village, _____ they lodged for the night.

(A) whom   (B) what   (C) which   (D) where

[해석] 톰과 그의 친구들은 그 마을에 도착하자 그곳에서 묵었다.

[정답] D

[해설] 앞에 선행사 장소를 나타내는 village가 있고, 밑줄 그어진 뒤에 완전한 문장이 they lodged for the night.이 있다. where를 정답으로 한다.

`12-2` 관계대명사, 관계부사, 접속사 구분하는 법

1. 관계대명사 + 불완전한 문장(관계대명사는 뒤에 불완전한 문장이 온다.)
2. 선행사가(장소, 시간, 이유) + 관계부사 + 완전한 문장(관계부사는 완전한 문장이 온다)
3. 주어 + 타동사 that(종속접속사) + 주어 + 동사는 타동사의 목적격으로 명사절(that + 주어 + 동사)이 나온다.

[예]1 Korea's five auto makers said _____ they will step up an export drive to expand overseas shipments.

(A) that   (B) what   (C) how   (D) whether

[해석] 한국의 5대 자동차 제조회사들은 어제 해외로의 선적을 증가시키기 위한 수출 정책을 가속화할 것이라고 말했다.

[정답] A

[해설] 주어(Korea's five auto makers) + 동사(said)는 뒤에 목적절로 that + 주어(they) + 동사(will step up)가 나온다. 이때 that은 타동사 said의 명사(목적절)이다.

특수구문 (Inversion, Ellipsis, etc)

13-1 도치

도치란 주어 + 동사의 일반적 어순을 취하지 않고 동사 + 주어 형태를 취하거나 목적어, 보어, 수식어가 주어보다 앞서는 경우이다. 즉, 어순이 바뀌는 것이다.

부정어나 부사구가 도치되면 어순이 바뀐다.

1. 부정어구 도치

I little thought that I should never see him again.

→ Little did I think that I should never see him again.

2. 부사구 도치

He is not only a teacher but also a professor.

→ Not only is he a teacher but also a professor.

13-2 nor

1. 의문문 어순으로 도치된다.

[예1] They didn't implement consistent policies, nor _____ to principles.

(A) they adhere   (B) they didn't adhere   (C) did they adhere   (D) adhere they

[해석] 그들은 일관성 있는 정책을 실천하지 않았을 뿐만 아니라 원칙에 충실하지도 않았다.

[정답] C

[해설] nor가 나오면 어순이 (동사 + 주어) 도치된다.

* **2** 평행구조(parallelism)

and, or 등이 있으면 같은 형태로 만들어 주어야 한다.

등위 접속사에 의해 같은 문장 성분으로 쓰인다.

[예시] Reading **and** writing are difficult.

[예1] The Reader's Digest is both _____ and interesting.

(A) informative   (B) inform   (C) information   (D) informed

[해석] 리더스 다이제스트는 유익하고 흥미롭다.

[정답] A

[해설] both ~ and로 연결된다. and 뒤에 형용사 interesting이 있으므로 형용사가 정답이다.

명사 (Noun)

명사의 형태

-tion / -sion / -ment / -ness / -ity / -nce / 등으로 끝나는 단어는 대부분 명사이다.

복합명사 (명사 + 명사의 구조)

assembly line (조립 라인)	benefits package (복지 혜택)	warranty period (보증 기간)
income tax (세관)	security check (보안 검색)	interset rate (이자율)
energy consevation (에너지 보존)	production facility (생산 시설)	
retail sales (소매 판매)	sales representative (상담원)	walkplace safety (직장 안전)
refund policy (환불 정책)	budget report (예산안 보고서)	office supplies (사무용품)
advance registration (사전 등록)	confirmation nimber (확인번호)	
insurance company (보험 회사)	training session (연수 기간)	award cere,ony (시상식)
expiration date (유효 기간)	safety standards (안전 기준)	safety precaution (안전 수칙)
keynote speaker (기조 연설가)	evaluation form (평가서)	job description (직업 설명)
travel itinerary (여행 일정)	reference letter (추천서)	

같은 어원의 명사가 선택지에 있으면 의미에 유의하여 답을 고른다.	
attendant (참석자) → attendance (참석)	analyst (분석가) → alalysis (분석)
assistant (보조) → assistance (도움)	applicant (지원자) → application (지원)
accountant (회계사) → accounting (회계)	correspondent (통신원) → correspondence(서신)
reliance (의존) → reliability (신뢰)	delegate (대표) → delegation (위임)
competitor (경쟁업자) → competition (경쟁)	epthusiast (애호가) → enthusiasm (열정)
market (시장) → mkarketing(홍보)	cordinator (운영자) → cordination (운영)
permit (허가증) → permission (허락)	

14-1. 집합적 물질명사 equipment, luggage, furniture, information은 불가산명사로서, 수를 나타내는 부정관사 a(n), many, few와 같이 쓸 수 없다.

[예1] The amount of _____ you are allowed to carry on board is limited by weight dimensions and number of pieces.

(A) a luggage　　(B) luggage　　(C) luggages　　(D) many luggage

[해석] 기내에 가지고 들어갈 수 있는 짐의 양은 무게, 크기, 수에 따라서 제한된다.

[정답] B

[해설] luggage는 불가산(셀 수 없는)명사이므로 관사 a(n)을 앞에 못 쓴다. The는 쓸 수 있다.

관사 (Article)

15-1 관사의 위치

⓵. 셀 수 있는 명사는 a(n), the가 명사 앞에 나온다.

[예1] This is _____ proposal to reduce manufacturing costs by 10 percent.

  (A) an   (B) a   (C) the   (D) can

  [해석] 이것은 생산가격을 10% 줄인 제안서입니다.

  [정답] B

  [해설] 셀 수 있는 명사 앞에 a(n), the가 올 수 있는데 a(n)는 정해지지 않는(불특정), the는 정해져 있는 (특정)명사 앞에 온다.

[예2] We would like to propose replacement of _____ 300 model with our latest product.

  (A) no   (B) a   (C) to be   (D) the

  [해석] 300모델을 우리의 최신 상품으로 교환해 드리고 싶습니다.

  [정답] D

  [해설] 상품 300모델은 정해진 제품이므로 the가 정답이다.

대명사 (Pronoun)

주격	I	we	you	he	she	they
목적격	me	us	you	him	her	them
소유격	my	our	your	his	her	their
소유대명사	mine	ours	yours	his	hers	theirs

16-1 의문대명사

의문사 What, How에 밑줄이 그어져 있으면 반드시 뒤에는 의문사 + 주어 + 동사 순으로 나온다.

1. 간접의문문(의문사 + 주어 + 동사)

　[예시]　I don't know what I should do it.

16-2 재귀대명사 (주어와 일치된다.)

* 1. 강조용법 : 재귀대명사에 밑줄이 그어져 있으면 주어와 일치시켜 주어와 일치가 되면 강
　　　　　 조용법이 정답이 된다.

[예1] The management thinks that he praised _____ too much for making that one sale.

　(A) he　　　(B) his　　　(C) him　　　(D) himself

　[해석]　경영진은 그가 하나의 판매실적으로 지나치게 자화자찬한다고 생각한다.
　[정답]　D
　[해설]　앞에 주어 management와 재귀대명사가 일치되므로 himself 가 정답이다.

16-3 지시대명사 (주어와 일치시킨다.)

1. 전치사 of나 on 등 앞에 that(those)가 있으면 명사의 반복을 피하려고 that, those를 쓴다.
   that(those)의 앞에 명사를 보고 단. 복수를 판단해서 단수이면 that, 복수이면 those이다.

   * that(those) : 명사의 반복을 피하려고 쓴다.

   [뒤에 of가 나오고 of 앞에 that이나 those가 있으면 앞에 명사에 수를 일치시켜 답을 고른다]

[예1] Royalty payment for export purposes will outpace _____ of domestic demand from nest year.

(A) this   (B) that   (C) these   (D) those

[해석] 수출 목적의 특허권 사용료 지급은 내년부터 국내 수요를 넘어설 것이다.

[정답] B

[해설] 뒤에 of가 나오면 앞에 명사 payment와 수 일치시킨다. 단수이므로 that이 정답이다.

[예2] Young people's fashions today look quite similar to _____ of the late sixties.

(A) this   (B) that   (C) these   (D) those

[해석] 오늘날 젊은이들의 패션은 60년대 후반과 꽤 비슷해 보인다.

[정답] D

[해설] of가 나오고 앞에 명사 fashions이 복수이므로 those가 정답이다.

16-4 most, almost 구별법

1. most
   most 뒤에 일반명사가 온다.
   most of the [소유격, these] + 일반명사가 나온다.

2. almost 뒤에 부정대명사가 온다. [all, everyone, nothing]

[예1] _____ interviews with recruiters last just 30 minutes and follow a fairly conventional format.

(A) Almost   (B) Most of   (C) Most   (D) Every

[해석] 면접관들과 인터뷰는 30분 동안 계속될 것이며 그 다음으로 전형적인 형식이 있다.

[정답] C

[해설] almost는 뒤에 부정대명사 all, everyone, nothing 등이 나와야 한다. most 뒤에 interviews가 나오므로 정답이다.

[예2] _____ our business letters will be either requests or replies to someone else's request.

(A) Almost   (B) Almost of   (C) Most   (D) Most of

[해석] 대부분의 영업 편지는 요구 또는 다른 사람의 요구에 대한 응답이다.

[정답] D

[해설] Most of + 소유격 + 명사 형태로 나와야 한다.

* **16-5** 명사 앞에 It, its, their, they, one, ones 밑줄이 그어져 있으면 앞의 명사 수와 일치시킨다.

[예1] We are seeking volunteers who are willing to change _____ shifts.

(A) their   (B) theirs   (C) its   (D) it

[해석] 우리는 교대시간을 바꿀 의향이 있는 지원자들을 찾고 있다.

[정답] A

[해설] 명사 seeking volunteers를 가리키고 있고, 밑줄 뒤 shifts가 복수명사이므로 their 나온다.

형용사 (Adjective)

형용사의 어미 변화			
able(ible)	comfort → comfortable	ful	care → careful
less	meaning → meaningless	ive	attract → attractive
ous	danger → dangerous	en	wood → wooden
al	nature → natural	ary	imagine → imaginary

* **17-1** be동사 뒤에는 반드시 형용사가 나온다.

[예]1] Enrollment forms are _____ in the Human Relations Office.

(A) available (B) availability (C) availably (D) avail

[해석] 등록 양식서는 인사부에서 이용 가능합니다.

[정답] A

[해설] be동사 뒤에 밑줄이 그어져 있으면 형용사가 정답이다.

17-2 (a) few / (a) little, many, much 구분법

few, many는 뒤에 명사가 복수로 little, much은 단수형태가 나온다.

[예]1] This will bring about significant improvement in capital values to _____ real estate investments.

(A) much (B) many (C) little (D) less

[해석] 이것은 많은 부동산 투자들에 대한 자본 가치의 중요한 진전을 가져다줄 것이다.

[정답]   B

[해설]   뒤에 복수명사 investments가 있으므로 many가 정답

[예2] _____ consumers are knowledgeable of our line of educational software.

(A) Little   (B) Much   (C) Less   (D) Few

[해석]   우리의 교육용 소프트웨어 분야를 아는 소비자는 거의 없다.

[정답]   D

[해설]   뒤에 복수명사 consumers가 있으므로 수를 나타내는 few가 정답이다.

* **17-3** 형용사의 어순(부사 + 형용사 + 명사)

[예1]   The current _____ tax system is having several adverse effects on the economy.

(A) inherit   (B) inherent   (C) inheritance   (D) inheritable

[해석]   현행 상속세제도는 경제면에서 볼 때 몇 가지 역효과를 가지고 있다.

[정답]   C

[해설]   current가 형용사이다. 뒤에 명사가 나온다.

* * **17-4** 명사 앞에 올 수 있는 것으로 [형용사, 관사(a, the), 전치사, 타동사, 소유격, 분사 (~ing, ~pp), other, much, this, that] 등이 있다.

[예1]   Many oil stations will have to pay back debts to their _____ oil suppliers before accepting products from other refiners.

(A) existing   (B) existence   (C) to exist   (D) exist

[해석]   많은 주유소는 다른 주유소에서 기름을 받기 이전에 현재 공급자에게 빚을 갚아야 할 것이다.

[정답]   A

[해설]   분사형용사 existing가 답이다. existing는 동사가 형용사가 된 것이므로 뒤에 명사 oil suppliers 앞에 밑줄 있으면 형용사를 묻는 문제이다.

[예2] _____ equipment was found on the shelf.

    (A) These   (B) Many   (C) The   (D) Much

    [해석] 그 장비가 선반 위에서 발견되었다.

    [정답] C

    [해설] 불가산명사 equipment 앞에 the, much, little 등을 쓸 수 있다.

[예3] _____ source of blank T-Shirt supply has increased its cost to us by 33 percent.

    (A) We   (B) Our   (C) Ourselves   (D) Us

    [해석] 민무늬 티셔츠의 공급원은 가격을 33% 인상했다.

    [정답] B

    [해설] 명사 source 앞에 소유격이 나온다.

동사 + 형용사 관용표현	
be willing to ~기꺼이 ~하다	be satisfied with ~에 만족하다
be interested in ~에 관심이 있다	be exposed to ~에 노출되어 있다
be responsible for + N / to do 에 책임을 지다	be dependent on~에 의존하다
be capable of ~을 할 수 있다	be able to ~을 할 수 있다
be subject to ~하기 쉽다	be compatible with ~와 호환하다
be eligible for + N / to do ~할 자격이 있다	be deciicated to ~에 전념하다

비교급(Comparison)

18-1 비교급 강조

비교급 앞에 much, still, even, by far, a bit, yet, somewhat을 첨가하여 뜻이 "훨씬 더" 뜻이 된다.

[예1] Interest rates on personal loans are _____ higher than on business loans.

(A) very   (B) much   (C) so   (D) too

[해석] 기업대출보다 개인대출의 이자율이 훨씬 높다.

[정답] B

[해설] 비교급 수식은 much이다.

18-2 as ~ as possible (as ~as one can) 가능한 한 ~하다.

He is as happy as possible.

* 18-3 as + 형용사, 부사 + as

원급으로 as + 형용사(부사) + as 유형의 문제가 출제된다.

[예1] The electrical damage is as _____ as you anticipate.

(A) bad   (B) badly   (C) worse   (D) more bad

[해석] 전기 피해가 당신이 예상한 것만큼 심하다.

[정답] A

[해설] as + 형용사 + as 유형이다.

18-4 more(less) + 형용사, 부사 ~ than

[예1] The data show that the productive salespeople used their time more efficiently _____ did the marginal salespeople.

    (A) as   (B) so   (C) than   (D) less

[해석] 자료에 따르면 생산적인 판매사원들은 실적이 저조한 판매사원들보다 시간을 더 효율적으로 사용한다는 사실을 알 수 있다.

[정답] C

[해설] more ~ 부사(efficiently) than이 나오기 위해서 동사를 수식해 봐서 해석이 완전해야 한다.

[예2] The new copying machine uses less paper _____ the old one.

    (A) else   (B) whereas   (C) rather   (D) than

[해석] 새 복사기는 예전 복사기보다 종이를 적게 사용한다.

[정답] D

[해설] 밑줄 앞에 less가 있으므로 비교급 than이 정답으로 온다.

부사 (Adverb)

19-1 부사의 위치

1 be동사, 조동사 뒤 일반동사 앞에 온다.

* 2 be + (부사) + pp, have + (부사) + pp 부사는 가운데 온다.

[예1] My secretary has _____ finished her work.

(A) still   (B) yet   (C) already   (D) once

[해설] 내 비서는 자기 일을 이미 끝마쳤다.

[정답] C

[해설] has + pp 사이에 부사 already가 들어간다.

* 19-2 부사는 동사 가까이 있으면서 동사를 수식한다. 해석해봐서 없어도 문맥이 잘 통하면 부사이다. 또 부사는 형용사를 수식한다.

[예1] To function _____ on a team, you will need a number of skills.

(A) effective   (B) effect   (C) effectively   (D) effecting

[해석] 팀에서 효과적인 기능을 발휘하기 위해 당신은 몇 가지 기술이 필요할 것입니다.

[정답] C

[해설] function은 동사이고 동사 가까이에서 동사를 수식하는 부사가 나온다.

19-3 숫자 앞에 부사 nearly, approximately, almost가 나온다.

[예1] The savings at the Matte would be _____ 15 percent per member.

(A) approximately   (B) extremely   (C) operationally   (D) highly

[해석] 마태의 예금은 각 회원당 대략 15% 정도일 것이다.

[정답] A

[해설] 숫자 앞에 밑줄이 그어져 있으면 approximately가 정답

전치사 (Preposition)

* **20-1** 전치사 뒤에 동명사에 밑줄이 그어져 있고, 동명사가 동사 형태이면 반드시 동명사
가 답으로 출제된다.

20-2 전치사의 기본적인 뜻

for (~을 위한) a partner for life <인생을 위한 파트너>	for (숫자의 기간) for three years <3년 동안>
of (~ 의) the increase of prey <먹이의 증가>	in (~안에) war in Iraq <이라크에서의 전쟁>
from (~로 부터) benefit from the seminar <세미나로부터 혜택>	under (~하에) opinion under press <여론 압력 하에>
at (좁은 장소) meeting at Boston <보스톤에서 만남>	at (시간) at 4:00 P. M<4시에>
to (~로, ~에게) to Tokyo <동경에>	with (~와 같이) struggle with an enemy <적과 함께 싸우다>
about (~에 관한) a book about gardening <원예에 관한 책>	on (접촉) a book on desk <책상 위에 있는 책>
by (~에 의해서 ~옆에 정도) sit by the fire <난로 옆에 앉다>	through (~통해서) travel through China <중국 각지를 여행하다>
within (~기한 안에) arrive within an hour <1시간 안에 도착하다>	until (~까지는) come until six <6시까지 온다.>
against (~에 반대해서) <a regulation against smoking =금연 법>	during (특정 기간) during the five days <그 5일 동안>
across (가로질러) across the street <거리를 가로질러>	despite in spite of (~ 에도 불구하고) <despite trouble 고난에도 불구하고>

into (~안으로) (turn I can't into I can) <부정적인 태도를 긍정적 태도로 바꾸다>	among (셋 이상의 사이) <among her classmates 반 친구 사이에서>
along (~을 따라서) <along the river banks 강둑을 따라서>	around (~주위에 정지한 상태) <around the park 공원 주위에>

[예1] We will reconsider the issue after _____ the prospects of the information technology industry.

    (A) monitorship   (B) motoring   (C) monitored   (D) it monitor

    [해석] 우리는 정보기술 산업의 측면을 알아본 후 그 문제를 재고할 것이다.

    [정답] B

    [해설] 전치사 after 뒤에는 동명사가 나온다.

[예2] They also noted that domestic diesel-engine cars now being shipped _____ Europe are banned in Japan.

    (A) to   (B) for   (C) of   (D) from

    [해석] 그들은 또한 현재 유럽으로 선적되는 국내 디젤엔진 승용차가 일본에서는 판매금지 되었다고 언급했다.

    [정답] A

    [해설] 방향을 나타내는 전치사 to가 정답이다.

[예3] I am confident that you will greatly benefit _____ the seminar.

    (A) at   (B) from   (C) for   (D) with

    [해석] 나는 당신이 그 세미나에서 대단한 혜택을 볼 것으로 확신합니다.

    [정답] B

    [해설] ~으로, 부터를 나타내는 from이 정답이다.

[예]4 They called on the government to lower taxed _____ stock transactions.

(A) in   (B) with   (C) on   (D) from

[해석] 그들은 정부에 대해 증권매매에 대한 세율을 낮추어 달라고 요구했다.

[정답] C

[해설] 접촉(위에, ~에 대해서)을 나타내는 전치사 on이 정답

[예]5 The management of a restaurant wants a study of its worker's efficiency _____ the kitchen.

(A) of   (B) within   (C) in   (D) from

[해석] 식당 경영진은 주방에서의 사원들의 효율성에 관한 연구를 원합니다.

[정답] C

[해설] 공간의 의미를 나타내는 전치사 in이 정답

[예]6 _____ tree months have passed since the last monthly payment for copier maintenance was received.

(A) Over   (B) Between   (C) Beyond   (D) Until

[해석] 복사기 유지보수에 대한 월 납부 금액을 받은 지가 3개월이 지났습니다.

[정답] A

[해설] ~위의 뜻을 지니고 숫자 앞에 나오는 over가 정답이다.

[예]7 Timeshare owners have flexibility to travel to popular destinations _____ the world.

(A) until   (B) around   (C) under   (D) before

[해석] 휴가 시설의 공동소유자들은 전 세계에서 인기 있는 목적지로 여행할 수 있는 유연성을 가지고 있습니다.

[정답] B

[해설] 전 세계라는 의미를 지닌 전치사 around가 정답이다.

20-3 전치사 뒤에 명사나 동명사가 나오면 전치사이고 전치사 뒤에 주어 + 동사가 나오면 접속사로 본다.

[예1] Payment is due 30 days _____ you receive our statement.

  (A) on   (B) after   (C) then   (D) later

[해석] 상환은 우리의 명세서를 접수한 후 30일이 만기입니다.

[정답] B

[해설] 주어(Payment) + 동사(is) + 종속접속사(after) + 주어(you)+동사(receive) 문제로 밑줄 뒤에 주어(you) + 동사(receive) you receive가 나오므로 after가 답이다. after 뒤에 주어 + 동사가 나오면 접속사가 되어 ~후에 뜻을 가진다.

[예2] I've been working 12 hours a day _____ I became general manager of the Wingate Plant.

  (A) since   (B) in addition   (C) thrhrough   (D) by

[해석] 윈게이트 플랜트사 총지배인이 된 이래로 나는 하루에 12시간씩 일했습니다.

[정답] A

[해설] 주어 + 동사 + (종속접속사) + 주어 + 동사 문제로 since가 접속사 역할을 한다. 주어(I) + 동사(have been) + (종속접속사 since) + 주어(I) + 동사(became) 유형으로 접속사가 나와야 한다.

Time 6
TOEIC 실전문제풀이

1. In order to buy a gift certificate online for someone else, fill out this form with that person's information and we will notify _____ via e-mail.

   (A) he   (B) his   (C) him   (D) himself

   [해석] 온라인으로 상품권을 다른 사람들에게 구매하여 주기 위해서 이 서식에 개인 정보를 적어주면 우리가 그에게 이메일로 연락을 하겠습니다.

   [정답] C

   [해설] 대명사의 목적격 자리이다. 빈칸은 타동사 notify의 목적어 자리이므로 빈칸에는 대명사 목적격이 정답이다. [33쪽 1-4 참조]

2. If your surgery is scheduled after 12 pm. or later in the afternoon, you will be given _____ instructions by your doctor's office.

   (A) specify   (B) specifies   (C) specific   (D) specifying

   [해석] 만약 수술이 오후 12시 이후나 오후 늦게 계획되어 있다면 당신은 의사로부터 특별한 지침을 받을 것입니다.

   [정답] C

   [해설] 형용사 자리 문제이다. 빈칸에는 명사 instructions를 수식하는 형용사가 와야 한다. [72쪽 17-4 참조]

3. Teachers need continuing support and training as _____ begin using computers in their everyday classroom activities.

   (A) they   (B) their   (C) them   (D) themselves

   [해석] 선생님들은 매일 교실 활동에서 컴퓨터를 사용함에 따라 지속적인 지원과 훈련을 필요한다.

   [정답] A

   [해설] 하나의 문장에 주어 + 동사가 2번 나올 때 (주어 + 동사 + 종속접속사 + 주어 + 동사) 형태로 Teachers(주어) + need(동사) + (종속접속사 as) + they(주어) + begin(동사) 문장형태로 주어

가 나온다. [72쪽 17-4 참조]

4. While the exact cost of the reorganization is not known, the department _____ significant cost savings in the long-run.

(A) anticipate   (B) anticipates   (C) anticipating   (D) anticipation

[해석] 개편의 정확한 비용이 알려지지는 않았지만, 막대한 총수입 증가가 예상되고 관계부서는 장기적으로 상당한 비용 절약이 있을 것으로 보고 있다.

[정답] B

[해설] 하나의 문장에 주어 + 동사가 2번 나올 때 (종속접속사 주어 + 동사, 주어 + 동사) 형태로 나온다. While(종속접속사) the exact cost of the reorganization(주어) + is(동사), the department (주어) + 동사 형태인데 주어가 단수이므로 anticipates가 와야 한다.

[54쪽 10-1참조]

5. Once we setup your site it will be _____ functional and ready for business to accept orders.

(A) complete   (B) completing   (C) completely   (D) completion

[해석] 일단 우리가 사이트를 만들게 되면 그것은 완전한 기능을 가지고 사업상 주문을 받을 수 있는 준비가 되어있을 것입니다.

[정답] C

[해설] 형용사 functional이 있으므로 앞에는 부사가 나와야 한다. [72쪽 17-3 참조]

6. After _____ the candidates, you will decide to whom you would like to offer the position.

(A) interview   (B) interviews   (C) interviewing   (D) interviewed

[해석] 후보자들을 인터뷰한 후 당신은 그 위치에 누구를 제안할지 결정할 것입니다.

[정답] C

[해설] 전치사 after 뒤에 동명사가 나온다. [78쪽 20-1 참조]

7. A variety of experience with a broad range of customers, technology and suppliers is highly _____ .

(A) desire (B) desires (C) desirable (D) desiring

[해석] 다양한 영역의 고객들과 기술 및 제조업자들과의 여러 경험은 매우 바람직하다.

[정답] C

[해설] be동사 뒤에는 형용사가 온다. be동사 뒤, highly의 수식을 받는 형용사가 와야 한다.

[71쪽 17-1 참조]

8. If you are receiving numerous _____ about the same product or service, there is a good chance you're going to lose customers.

(A) complain (B) complaining (C) complaints (D) complainer

[해석] 같은 상품이나 서비스에 대해서 수많은 불만을 받는다면 당신들은 고객들을 잃게 될 것이다.

[정답] C

[해설] 형용사 numerous의 수식을 받는 명사가 와야 한다. 선택 보기 중에서 complaints와 complainer이다. 문맥상 complaints 석설하다.   [72쪽 17-4 참조]

9. A real estate broker who acts _____ an agent for both a buyer and a seller in the same real estate transaction is a dual agent.

(A) as (B) by (C) on (D) to

[해석] 같은 부동산 거래에 구매자와 판매자에게 모두 대리인으로 행동하는 부동산 중개인은 이중 대리인이다.

[정답] A

[해설] as~로써 뜻이다. by~에 의해서 on 접촉 to ~에게   [78쪽 20-2 참조]

10. Applications must be submitted _____ the end of September to avoid the late application fee.

(A) upon (B) next to (C) beside (D) before

[해석] 신청 연체료를 내지 않기 위해서는 신청서를 9월 말 이전에 제출하여야 합니다.

[정답] D

[해설] before~ 전에 가 알맞다. upon(on) 접촉 beside~ 옆에 before~ 전에   [78쪽 20-2 참조]

11. The new CEO _____ approach to marketing and customer relationship management, bring our services directly to potential customers.

(A) propose   (B) proposed   (C) proposing   (D) proposa

[해석] 새로운 CEO는 우리의 서비스를 잠재고객에게 직접 연결해 줄 고객 마케팅과 고객관리 경영에 효과적인 접근을 제안하였습니다.

[정답] B

[해설] 주어 다음에는 동사가 나온다. 주어가 3인칭 단수이므로 (A)는 오답이다.   [32쪽 1-1 참조]

12. The most _____ consequence of the expected slowdown is that unemployment will remain at the relatively high levels posted in the past two years.

(A) worry   (B) worries   (C) worried   (D) worrying

[해석] 경기 후퇴의 가장 걱정스러운 결과는 상대적으로 높은 지위의 실직률이 지난 2년과 똑같이 남아 있을 것이라는 점이다.

[정답] D

[해설] 명사 앞에 올 수 있는 품사로 ~ing(분사형용사)가 올 수 있다. 뒤에 명사를 수식하여 **걱정스러운 결과로** 해석된다.   [72쪽 17-4 참조]

13. Early last week, the Texas Water Development Board formally _____ eight of the sixteen regional water plans adopted by the Regional Water Planning Groups.

(A) approves   (B) is approving   (C) approved   (D) has approved

[해석] 지난주 초에 텍사스 식수개발 위원회는 지역 식수 기획그룹들에 의해서 채택된 16개의 지역 식수 계획안 중에서 8개를 공식으로 승인했다.

[해답] C

[해설] 시제에 관한 문제, 명백한 Early last week이라는 과거부사구 있으면 동사의 시제는 과거가 된다.

[44쪽 5-1 참조]

14. If the product does not fit to your _____ , or you are unhappy with it for any reason, simply return it to us.

(A) satisfactory   (B) satisfaction   (C) satisfactorily   (D) satisfy

[해석] 제품이 당신을 만족시키지 못하거나 어떠한 이유로든 불만이 있으면 그 제품을 우리에게 반품하십시오.

[해답] B

[해설] 소유격 뒤에는 명사가 나온다. [72쪽 17-4 참조]

15. In order to provide you with the _____ level of service possible, we strongly encourage you to make advance reservation.

(A) high   (B) higher   (C) highly   (D) highest

[해석] 가능한 한 최고 수준의 서비스를 제공하기 위하어 미리 예약을 해주시길 바랍니다.

[해답] D

[해설] 명사 앞에 형용사가 나온다. the가 있으므로 최상급인 highest를 쓴다. [72쪽 17-4 참조]

16. This easy-to-do exercise program gives you the opportunity to make exercise a regular _____ .

(A) tradition   (B) habit   (C) convention   (D) hobby

[해석] 쉽게 할 수 있는 이 운동 프로그램은 운동을 규칙적인 습관이 되게 할 수 있도록 기회를 마련해 줄 것입니다.

[해답] B

[해설] 형용사 뒤에 명사가 온다. [72쪽 17-4 참조]

17. Ms. Moore's prior experience as a sales representative for a major airline will greatly help _____ in her new position.

(A) having work   (B) to working   (C) working   (D) work

[해석] 대한 항공사의 영업사원으로서 근무한 무어 씨의 경험이 그녀가 새로운 자리에서 근무하는데에 크게 도움을 줄 것이다.

[해답] C

[해설] 타동사(help) 뒤에는 동명사 목적격이 온다.   [33쪽 1-4 참조]

18. Mr. Hastert, who stopped briefly in Honolulu _____ his way to Japan, attended the opening ceremony of the 10th Asia Pacific Parliamentary Forum yesterday in Waikiki.

(A) on   (B) of   (C) to   (D) from

[해석] 일본으로 돌아오는 길에 호놀룰루에 잠시 들른 Hastert 씨는 와이키키에서 개최된 제10회 아시아 태평양 의회 포럼 개막식에 참석했다.

[해답] A

[해설] on one's way to(돌아오는 길에), to는 방향의 전치사 of ~의, from ~로부터   [78쪽 20-2 참조]

19. Just go by the manual and you'll be able to assemble this computer _____ in no time.

(A) easy   (B) easier   (C) easiness   (D) easily

[해석] 단지 설명서를 따라 하십시오. 그러면 곧 쉽게 이 컴퓨터를 조립할 수 있을 것입니다.

[해답] D

[해설] 부사자리이다. 동사 assemble을 수식한다.   [76쪽 19-2 참조]

20. Patients can assume that when they give information to us the information will remain confidential and will not be disclosed to any one _____ their consent.

(A) when   (B) without   (C) if   (D) though

[해석] 환자들은 정보를 제공할 때 그 정보가 비밀로서 지켜지며 자신들의 사전 동의 없이 어느 누구에게

도 공개가 되지 않으리라 생각할 수 있다.

[해답] B

[해설] 뒤에 명사가 나오므로 전치사가 나온다. when, if, though 등 접속사 뒤에는 주어 + 동사가 나
온다. 단 전치사 뒤에 동명사가 있으면 동명사가 정답이다. [33쪽 1-4 참조]

21. The Orange Tree Theater can hold _____ for up to three working days, after
     which time we would ask you to ring us and pay for the tickets or re-confirm.

     (A) reserve   (B) reserved   (C) reservations   (D) reserving

[해석] 오렌지 트리 극장은 영업일 3일 동안까지 예약을 유지할 수 있으며 그 후에는 우리에게 전화를 걸
        어서 티켓 비용을 지급하거나 아니면 다시 확인해줄 것을 부탁드립니다.

[해답] C

[해설] hold 타동사 뒤에 명사가 온다. [33쪽 1-4 참조]

22. Although ticket sales are lower than in previous years, around 50-100 are _____
     expected to attend.

     (A) still   (B) though   (C) besides   (D) beforehand

[해석] 비록 입장권 매출이 전년도에 비해서 낮을지라도 여전히 약 50에서 100명 정도가 참석할 것으로
        예상한다.

[해답] A

[해설] be + pp 사이에 나오는 부사 문제이다. besides는 전치사 문맥상 still이다. [76쪽 19-1 참조]

23. The best way to deal with information overload is to realize _____ it's not a mental
     or a physical problem, it's an emotional problem.

     (A) in that   (B) so that   (C) and that   (D) that

[해석] 정보 과부하를 다룰 수 있는 가장 좋은 방법은 그것이 정신적이거나 물리적인 문제가 아니라 단지
        하나의 감정의 문제라는 것을 깨닫는 것이다.

[해답] D

[해설] realize의 타동사의 목적절(that + s + v)이 나온다. [33쪽 1-4 참조]

24. The company is in the final _____ of implementing their Management Systems that will help to improve overall productivity, quality and cut unnecessary wastage.

(A) paths　　(B) stages　　(C) drafts　　(D) types

[해석] 회사는 전반적인 생산성과 품질을 향상하고 불필요한 낭비를 없애는 데 도움을 줄 수 있는 경영 시스템을 실행할 마지막 단계에 있다.

[해답] B

[해설] 형용사(final) 뒤에 명사가 온다. 단계, 정도의 뜻인 stage다. [72쪽 17-4 참조]

25. _____ us of potential viruses gave us time to guard our network connections against many computer viruses and worms.

(A) You warm　　(B) You warning　　(C) You are warning　　(D) Your warning

[해석] 잠재하는 바이러스에 대한 당신의 경고가 우리에게 많은 컴퓨터 바이러스들과 컴퓨터 파괴 프로그램으로부터 네트워크를 보호할 수 있는 시간을 만들어 주었다.

[해답] D

[해설] 주어자리를 묻는 문제이다. 주어로 Your warning이 나오고 동사는 gave이다. [32쪽 1-1 참조]

26. A computer purchased from a reputable local dealer who can provide quality, timely support after the sale is _____ the additional cost.

(A) worthy　　(B) worthwhile　　(C) worthless　　(D) worth

[해석] 판매 이후에 최상의 서비스와 시간에 맞는 서비스를 제공할 수 있는 신뢰할 만한 지역 판매업자가 판매하는 컴퓨터는 추가 비용을 들여서 구매할 가치가 있다.

[해답] D

[해설] 동명사의 관용적 용법으로 be worth ~ing(명사) 이다. [43쪽 4-2 참조]

27. _____ teaching experience, especially bilingual, is recognized as being desirable, no prior experience is required for this position.

(A) Although   (B) Otherwise   (C) Despite   (D) Regarding

[해석] 2개 국어의 교육 경험은 바람직하지만, 경험이 이 자리에 필요한 것은 아니다.

[해답] A

[해설] 접속사 자리이다. teaching experience(주어) + is(동사), no prior experience(주어) + is(동사) 문제는 종속접속사 + 주어 + 동사, 주어 + 동사 유형이다. otherwise ~그렇지 않다면, despite ~에도 불구하고, regarding ~관련해서 (B)는 접속부사, (C), (D)는 전치사 종속접속사는 (A)이다.

[54쪽 10-1 참조]

28. The Unite Sates has implemented an aggressive _____ to strength its homeland security.

(A) campaign   (B) campaigns   (C) campaigning   (D) campaigned

[해석] 미국은 자국 내의 안보를 강화하기 위한 공격적인 캠페인을 실행해 오고 있다.

[해답] A

[해설] 형용사 자리 뒤에 명사가 오는 자리이다. 관사 + 형용사 + 명사가 오는 어순에 주의한다.

[72쪽 17-4 참조]

29. Employers have to be able to fill key positions _____ a timely manner without wrecking their hiring budget.

(A) on   (B) behind   (C) in   (D) thorough

[해답] C

[해석] 고용주들은 그들의 고용 예산을 무너트리지 않고 시기적절한 방법으로 핵심 요직들을 채울 수 있어야 한다.

[해설] 전치사에 관한 문제이다. in a timely manner 시기적절한 방법으로 [78쪽 20-2 참조]

30. If you have trouble viewing any page on this site, please let me _____ at the address above, and tell me what browser and what operating.

(A) to know   (B) know   (C) knowing   (D) be known

[해석] 이 사이트에서 어떤 웹페이지를 보는 것에 어려움이 있으며 위에 있는 주소로 알려주시고 어떤 브라우저와 어떤 운영 시스템을 사용하는지를 말해 주십시오. 그러면 문제를 해결하기 노력할 수 있습니다.

[해답] B

[해설] let(사역동사) + 목적어 + 동사원형이 온다. [37쪽 2-2 참조]

31. _____ change your mobile phone plan, please show two valid forms of identification at the customer service counter.

(A) In order to   (B) While   (C) When   (D) After

[해석] 휴대 전화 요금제를 바꾸시기 위해서는, 고객 서비스 계산대에서 두 가지 종류의 유효한 신분증을 보여주십시오.

[정답] A

[해설] in order to~하기 위해서(부정사의 목적표시), while, when(~하는 동안, 접속사로 뒤에 주어 + 동사)가 나온다. after 접속사일 때 뒤에 주어 + 동사가 나오고, 전치사일 때 명사나 동명사가 나온다. 밑줄 뒤 change 동사가 나왔기 때문에 in order to + 동사원형이 정답이다. [57쪽 10-4 참고]

[어휘] valid 유효한   identification 신분 증명

32. After meeting with the staff union, the president agreed to _____ some changes to the company's salary policy.

(A) make   (B) made   (C) makes   (D) have made

[해석] 직원 조합들과 회의 후, 사장은 회사의 급여 체계 일부를 수정하는 것에 동의했다.

[정답] A

[해설] agree(동의하다)는 타동사로 뒤에 목적어로 to + 동사원형이 온다. [33쪽 1-4 참조]

[어휘] union 조합   president 사장   policy 정책

33. Korea Times wants its staff of editors _____ the facts of news reports in an efficient manner to make certain all information is accurate prior to publication.

(A) is checking   (B) are checked   (C) checking   (D) to check

[해석] Korea Times는 편집자들에게 뉴스 보도 사실을 효율적인 방법으로 발간하기에 앞서 정확하게 점검하기를 원한다.

[정답] D

[해설] Korea Times는 발간 전에 모든 정보가 정확한지 확인하기 위해 편집 직원들이 효율적인 방법으로 뉴스 보도의 사실들을 점검하기를 원한다. want(원하다, 시키다) 동사 + 목적어 + 목적격보어, 반드시 이 목적격보어는 to + 동사원형이 나와야 한다. [32쪽 1-2 참조]

[어휘] editor 편집자   efficient 효율적인   accurate 정확한   publication 발간, 발표

34. To increase cost efficiency, Auto Repair Shops plan _____ its three customer service centers in Field County.

(A) consolidates   (B) consolidated   (C) consolidation   (D) to consolidate

[해석] 비용 효율성을 높이기 위해서, Auto Repair Shops는 Field 자시주에 있는 그들의 고객서비스센터 두 곳을 합병할 계획이다.

[정답] D

[해설] plan은 타동사로 to + 부정사를 목적격으로 받는다. [36쪽 2-1 참조]

[어휘] cost efficiency 비용 효율성   consolidate 합병하다   increase 증가하다, 높이다

35. As soon as the students were all seated quietly at their desks with the test papers, Mr. Kim gave the signal _____ the exam.

(A) commence   (B) to commence   (C) commencement   (D) commenced

[해석] 학생들이 모두 시험지를 가지고 그들의 책상 앞에 조용히 앉자마자, Mr. Kim은 시험을 시작하는 신호를 보냈다.

[정답] B

[해설] 명사 signal(신호)를 뒤에서 수식해주는 to + 동사원형이 정답이다. [40쪽 3-1 참조]

[어휘] quietly 조용히   commence 시작하다   as soon as ~하자마자

36. According to business consultants, Asia Company has a good chance of _____ chief financial officer of Korea Technologies.

(A) becoming   (B) become   (C) must become   (D) becomes

[해석] 사업 컨설턴트에 따르면, Asia Company는 Korea Technologies의 재정관리 중역이 될 수 있는 좋은 기회가 있다.

[정답] A

[해설] 전치사 뒤에는 동명사가 목적어로 나온다. **목적어가 되는 것 : 명사, 대명사, to + 동사원형(부정사), ~in g(동명사), 명사절(that + 주어 + 동사)** [78쪽 20-1 참조]

[어휘] chief financial officer(CEO) 재정관리 중역   consultant 상담사
according to ~에 따르면

37. In spite of _____ extra materials for the project, Mr Kim and his colleagues found it difficult to meet the deadlines for construction.

(A) having received   (B) be receiving   (C) has received   (D) received

[해석] 프로젝트를 위한 추가자료를 받았음에도 불구하고, 김 씨와 그의 동료들은 건설 마감시간을 맞추기 어렵다고 생각하였다.

[정답] A

[해설] 전치사(of) 뒤에는 동명사가 정답으로 온다. [78쪽 20-1 참조]

[어휘] in spite of ~에도 불구하고   construction 건설   colleague 동료
material 자료

38. In preparation for growing seasonal demand, Mr. Kim decided to _____ four additional customer service representatives.

(A) recruiting   (B) be recruited   (C) recruit   (D) being recruited

[정답] C

[해석] 점점 커지는 계절상의 수요에 대비해서, 김 씨는 추가로 4명의 고객서비스 판매 대리인을 충원하기로 하였다.

[해설] decide는 미래적 뜻을 품고 있기 때문에 to + 동사원형을 목적어로 받는다. 부정사 : 미래적, 목적적(want, hope, expect, decide, begin), 동명사 : 과거적, 경험적 finish, enjoy, consider
[36쪽 2-1 참조]

[어휘] preparation 준비　　representative 판매 대리인　　recruit 충원하다
additional 추가적인

39. A pharmacist's duties include _____ a patient's prescription with a doctor.

(A) confirmed　　(B) be recruited　　(C) recruit　　(D) being recruited

[해석] 약사의 임무는 의사가 해준 환자의 처방전을 확인하는 것을 포함한다.

[정답] D

[해설] include는 타동사로 뒤에 목적어가 나온다. 그런데 밑줄 뒤에 a patient's prescription 목적어가 있으므로 동명사가 적절하다. 타동사, 전치사 뒤에는 목적어로 동명사가 나온다.　[33쪽 1-4 참조]
[목적어가 되는 것 : 명사, 대명사, to + 동사원형(부정사), ~ing(동명사), 명사절(that + 주어 + 동사)]

[어휘] pharmacist 약사　　include 포함하다　　prescription 처방전　　patient 처방전

40. Industry analysts recommended _____ smaller notebook computers.

(A) development　　(B) develop　　(C) developed　　(D) developing

[해석] 업계 전문가들은 더 작은 노트북 컴퓨터를 개발하는 것을 제안하였다.

[정답] D

[해설] recommend는 타동사로 뒤에 목적어로 명사, ~in(동명사)가 올 수 있다. 뒤에 smaller notebook computers 목적어가 오면 동명사가 목적어로 온다. 동명사는 타동사에서 명사가 된 형태로 뒤에 목적어가 나온다.　[33쪽 1-4 참조]

[어휘] industry 제조업　　analyst 전문가　　recommend 주천하다

41. Upon arrival in the country, passengers should fill out all of the _____ paperwork for customers and immigration officials.

(A) reserving   (B) routine   (C) advisable   (D) original

[해석] 입국하자마자, 승객들은 세관 및 출입국관리소 직원들에게 제출할 모든 일상적인 서류를 작성해야 한다.

[정답] B

[해설] 밑줄 뒤에 서류(paperwork)가 왔기 때문에 형용사가 와야 한다. 형용사 어휘 문제이다. arrival in the country(입국), fill out(작성하다), 서류(paperwork)와 관련 있는 어휘는 routine(일상적인)이 적절하다. [72쪽 17-4 참조]

[어휘] immigration 출입국 관리소   customers 세관   advisable 충고하는   original 최초의

42. Professor Kim will soon _____ his research paper in a popular medical journal.

(A) gain   (B) reduce   (C) publish   (D) broadcast

[해석] 김 교수는 조마간 유명한 의학잡지에 자신의 연구논문을 게재할 것이다.

[정답] C

[해설] will 조동사 뒤에 동사원형이 온다. 동사원형이 오는 어휘 문제이다. paper(논문), medical journal(의학잡지) 등과 관련된 게재하다(publish)가 정답이다. [46쪽 6-1 참조]

[어휘] gain 얻다   reduce 줄이다   broadcast 방송하다   research 연구

43. After _____ receive the performance records of all trainees, the supervisors will decide who will be offered the position.

(A) theirs   (B) them   (C) they   (D) theirs

[해석] 모든 연수생의 실적 기록을 받은 후, 감독자가 누가 어떤 자리에 적합한지 결정할 것이다.

[정답] C

[해설] 종속접속사(After) + 주어(they) + 동사(receive), 주어(the supervisors) + 동사(will decide) 유형문제이다. [54쪽 10-1 참조]

[어휘] trainee 연수생   performance 공연   supervisor 감독자   offer 제공하다, 적합하다

44. The _____ of a new ingredient to the recipe made the cake appealing to the clients.

(A) addition (B) add (C) additional (D) additionally

[해석] 요리법에 첨가된 새로운 재료는 케이크를 고객들에게 매력적으로 다가오게 했다.

[정답] C

[해설] 정관사 the 뒤에 명사가 온다. The addition of a new ingredient to the recipe 여기까지 주어이다. 이렇게 긴 문장으로 이어져 있으면 **주어는 앞에서 찾는다.** 동사는 made이다. 하나의 문장에는 주어 + 동사가 나온다. [32쪽 1-1, 72쪽 17-4 참조]

[어휘] ingredient 재료 appealing 호소하는, 매력적인 addition 첨가물 recipe 요리

45. Quality Control personnel should not make _____ about the safety of new vehicles without checking all points in the safety inspection checklist.

(A) assumptions (B) to assume (C) assuming (D) assumes

[해석] 품질관리 담당자는 안전검사 대조표에 있는 모든 요소를 확인하지 않고 새로운 차량의 안전에 대해 가정을 하면 안 된다.

[정답] A

[해설] make는 타동사이다. 타동사 뒤에는 목적어로 명사가 나와야 한다. assuming은 원래 타동사이기 때문에 뒤에 목적어가 와야 하는데 전치사(about)가 있어서 정답이 아니다. [33쪽 1-4 참조]
[목적어 될 수 있는 것 : 명사, 대명사, to + 동사원형(부정사), ~ing(동명사), 명사절(that + 주어 + 동사)]

[어휘] vehicle 탈 것 inspection 검사 assumption 가정 quality 품질

46. One of our company's most skilled negotiators, Mr. Kim was _____ in securing the contract with Lottle Hotel.

(A) instrumentation (B) instrument (C) instrumental (D) instrumentally

[해석] 우리 회사의 가장 숙련된 협상가 중 한 명인 Mr. Kim 씨는 롯데호텔과의 계약을 확보하는데 중요한 역할을 하였다.

[정답] C

[해설] was(be동사) 뒤에는 형용사가 나온다. [71쪽 17-1 참조]

[어휘] negotiator 협상가   secure the contract 계약을 확보하다   instrumental 중요한

instrument 기구   instrumentation 사용(설치)

47. Despite the fact that overnight delivery will be expensive, it is _____ in this case.

(A) necessities   (B) necessary   (C) necessarily   (D) necessitate

[해석] 밤사이에 배달이 비쌀 것이라는 사실에도 불구하고, 이 경우에는 필요하다.

[정답] B

[해설] is(be동사) 뒤에는 형용사가 온다. [71쪽 17-1 참조]

[어휘] necessary 필요한   delivery 배달   overnight 밤사이에

48. Our database security software has been upgraded _____ maintain the confidentiality of client records.

(A) for   (B) because   (C) so that   (D) in order to

[해석] 우리의 데이터베이스 안전 소프트웨어는 고객 기록의 비밀성을 유지하기 위해 갱신됐다.

[정답] D

[해설] for는 뒤에 동명사가 와야 하고, because와 so that은 접속사이기 때문에 뒤에 주어 + 동사가 나와야 한다. [in order to + 동사원형 ~하기 위해서] [57쪽 10-4 참조]

[어휘] upgrade 갱신하다   maintain 유지하다   confidentiality 비밀성   record 기록

49. Mr. Kim asked her assistant _____ the report tomorrow since it is going to be printed on Sunday edition.

(A) type   (B) will type   (C) to type   (D) was typing

[해석] 보고서가 일요일 호에 인쇄될 것이기 때문에, 김 씨는 그녀의 보조에게 그것을 내일까지 작성해 달라고 요청하였다.

[정답] C

[해설] 5형식 동사, enable, ask, encourage, want, permit(시키다, 원하다 동사)는 + 목적어 + to + 동사원형으로 나온다. [32쪽 1-2 참조]

50. _____ its 30th anniversary, the Lottle Cinema will introduce a new piece directed by Bong Joon Ho.

(A) To celebrate   (B) In celebration   (C) Celebrates   (D) Celebration

[해석] 30번째 기념일을 축하하기 위해서, 롯데시네마는 봉준호 감독이 감독한 새로운 작품을 도입할 것이다.

[정답] A

[해설] **주어가 될 수 있는 것 : 명사, 대명사, to + 동사원형(부정사), ~ing(동명사), 명사절(that + 주어 + 동사**가 있다. 주어자리로 To + 동사원형이 온다. (D) Celebration(축하)도 명사이기 때문에 주어가될 수 있지만, 뒤에 its 30th anniversary 오기 위해서는 전치사나 타동사가 와야한다. 그리고 해석상 부정사 부사적 용법으로 ~하기 위해서의 의미로 쓰였다. [33쪽 1-4 참조]

[어휘] celebrate 축하하다   introduce 소개하다   piece 작품

51. Ace Insurance has several _____ agents in the Lake County area.

(A) experiences   (B) experience   (C) experiencing   (D) experienced

[해석] Ace 보험은 Lake County 지역에 노련한 몇몇 직원이 있다.

[정답] D

[해설] agents를 수식해주는 형용사가 와야 한다. (C), (D)가 분사형용사로 올 수 있는데 agent(직원) 입장에서 수동이 되어야 한다. (분사는 형용사를 앞뒤에서 수식한다.) A **flying** bird(수식하는 것이 단독으로 올 경우 앞에서 수식) a bird **flying in the sky** 뒤에 수식하는 어구가 있으면 뒤에서 수식한다.) [72쪽 17-4 참조]

[어휘] Insurance 보험   experience 경험   area 지역

52. Mr. Kim released yesterday that it will buy item for $ 1.5 billion, _____ its plans to expand into South Asia.

(A) confirm   (B) confirmed   (C) confirming   (D) confirmation

[해석]　김 씨는 남아시아로 확장하는 계획을 인정하면서 15억 달러에 품목을 구매할 것을 어제 발표했다.

[정답]　C

[해설]　콤마가 나오고 ~ing, ~pp가 있으면 거의 80% 정도는 ~ing가 정답이다. 해석은 and + 동사로
해석한다. 그리고 뒤에 목적어가 있으면 ~ing가 나온다.　[41쪽 3-2 참조]

[어휘]　confirm 입증하다　　　expand 확장하다　　　release 방출하다, 공개하다

53. _____ the chief executive officer, Mr. Kim has access to confidential company
documents.

(A)　To be　　　(B)　Being　　　(C)　Be　　　(D)　Has been

[해석]　김 씨는 최고 경영자이기 때문에 회사 기밀문서에 접근할 수 있다.

[정답]　B

[해설]　문장 중간에 콤마가 오고 Mr. Kim(주어) + has(동사)가 왔다 그러면 앞 문장은 종속접속사 +주어
+ 동사 형태가 되어야 한다.　[54쪽 10-1 참조]

　　　이 문장은 분사구문으로 Because she is the chief executive officer이다. 접속사(because)와
주어(she)를 생략하고 is의 원형 be에 ~ ing을 붙인 분사구문이다. **문장 맨 앞에 ~ing, ~pp가
나오고 문장 중간에 콤마와 주어 + 동사가 있는 분사구문**으로 답을 고르는 요령은 콤마 뒤 주
어를 보고 능동이면 ~ing, 수동이면 ~pp를 고르면 된다.

[어휘]　chief 중요한　　　executive 중역의　　　access 접근　　　confidential 비밀의
document 문서

54. A trip to the Sunset beach will leave visitors _____ about its beauty.

(A)　excite　　　(B)　excited　　　(C)　exciting　　　(D)　excitement

[해석]　Sunset 해변으로의 여행은 해변의 아름다움에 방문객들은 흥분할 것이다.

[정답]　C

[해설]　A trip to the Sunset beach(주어) + will leave(동사) + visitors(목적어) 있는 문장이다. 명사
뒤에 밑줄이 그어져 있으면 후치수식 문제이다. 후치수식으로 to + 동사원형(~할), 분사형용
사~ing(~하여진), ~pp(~하는), 관계대명사가 있다.　[40쪽 3-1 참조]

[어휘]　trip 여행　　　excited 흥분된

55. Mr. Kim will be responsible for _____ that the safety guidelines are followed by all Lottle Construction employees.

(A) ensuring   (B) ensured   (C) ensures   (D) ensure

[해석] 김 씨는 롯데회사 직원들이 안전 지침서를 지킬 것을 하도록 책임을 진다.

[정답] A

[해설] **전치사 for 뒤에는 동명사가 정답으로 온다.** [78쪽 20-1 참조]

[어휘] be responsible for ~에 대해 책임지다   safety 안전   employee 직원
ensure 책임지다.

56. While toys used to be assembled manually, it is now more _____ for workers to assemble them by machine.

(A) potential   (B) efficient   (C) monetary   (D) competent

[해석] 예전에는 장난감을 수공으로 조립했던 반면에, 이제는 기계로 조립하기 때문에 노동자들에게는 더 효율적이다.

[정답] B

[해설] **우선 선택지 단어를 살펴보자** potential 잠재적인, efficient 효율적인, monetary 화폐의, competent 유능한, **이 단어들을 가지고 문제 지문을 보면** assembled manually(손으로 조립), assemble them by machine. (기계로 조립)하는 내용이 있으므로 노동자들에게는? **efficient(효율적)**이 된다.

[어휘] assemble 조립하다   while ~반면에   toys 장난감

57. Department heads _____ a better understanding of company policies by participating in the weeklong seminar month.

(A) were gained   (B) gaining   (C) will gain   (D) gained

[해석] 부서 책임자들은 지난달 일주일에 걸친 세미나에 참석함으로써 회사 규정에 대해 더 잘 이해하게 되었다.

[정답] D

[해설] Department heads(주어)이고 뒤에 있는 밑줄은 동사 자리이다. 뒤에 목적어가 나오므로 (a better understanding of company policies)가 나오므로 gained를 정답으로 한다. be + pp는 뒤에 목적어(a better understanding of company policies)가 나오지 않는다. [32쪽 1-1 참조, 48쪽 7-2 참조]

[어휘] Department heads 부서 책임자   weeklong 일주일에 걸친   participate 참가하다

58. Manuscripts submitted to Dream Stars must be _____ appropriately.

(A) formatted   (B) format   (C) formats   (D) formatting

[해석] Dream Stars로 제출된 원고는 반드시 적절한 형식을 취해야 한다.

[정답] A

[해설] be동사 + pp수동태 문제이다. 뒤에 부사(appropriately)가 오고, 목적어가 없어서 정답은 formatted이다. **be + pp는 뒤에 목적어가 나오지 않는다.** [48쪽 7-2 참조]

[어휘] manuscript 원고   submit 제출하다   appropriately 적절하게

59. Funds from the budget surplus _____ primarily for developing software upgrade programs.

(A) have been allocating   (B) are allocated   (C) allocation   (D) allocated

[해석] 예산 흑자로 생긴 자금은 주로 소프트웨어 업그레이드 프로그램의 발전을 위해 할당된다.

[정답] B

[해설] 주어는 Funds다. 동사가 와야 하는데 밑줄 뒤 primarily 부사가 왔기 때문에 are allocated 정답이다. allocating와 allocated는 뒤에 목적어가 나온다. be + pp는 뒤에 목적어가 나오지 않는다. [48쪽 7-2 참조]

[어휘] budget 예산   surplus 잉여   primarily 주로   allocate 할당하다

60. Until the new parts _____ in the photocopier, please insert the copy paper very gently.

(A) were installing   (B) would be installing   (C) have installed   (D) have been installed

[해석] 복사기에 새로운 부품이 설치될 때까지, 종이를 매우 부드럽게 넣어 주세요.

[정답] D

[해설] new parts(주어)이고, 뒤에 동사가 나와야 한다. 밑줄 뒤에는 in the photocopier(부사구)가   있

어서 현재완료 수동태가 와야 한다. have been + pp 뒤에 목적어가 안 나온다 [48쪽 7-1, 7-2 참조]

[어휘] photocopier 복사기   insert 삽입하다   gently 부드럽게   install 설치하다

61. Visitors must use alternative parking spaces this week while the Army St, parking lot

_____ .

(A) repairs   (B) is repairing   (C) is being repaired   (D) has repaired

[해석] Army 거리의 주차공간이 수리되는 동안 방문객들은 이번 주에 다른 주차공간을 사용해야 한다.

[정답] C

[해설] Visitors(주어) + must use(동사) + while(종속접속사) + parking lot(주어) + 동사 자리이다.

주어 + 동사 + 종속접속사(while) 주어 + 동사 밑줄 뒤에는 아무것도 없는 것으로 보아 수동태가

나와야한다. 진행수동 be + being + pp는 뒤에 목적어가 안 나온다. [48쪽 7-2 참조]

[어휘] alternative 대안의, 다른   repair 수리하다   space 공간

62. Due to a problem with our building's system, employees will be _____ to leave

work at 1 P. M. today.

(A) permitting   (B) permitted   (C) permission   (D) permissible

[해석] 우리 빌딩 시스템의 문제 때문에, 직원들은 오늘 오후 1시에 퇴근하는 것이 허용된다.

[정답] B

[해설] 밑줄 뒤에 to leave work(부사구)가 있어서 수동태가 정답이 되어야 한다. [48쪽 7-2 참조]

[어휘] due to ~ 때문에   permit 허가하다   leave 떠나다

63. The annual office party will be _____ in room 3 on the 2th floor.

(A) hold   (B) held   (C) holding   (D) having held

[해석] 매년 열리는 사무실 파티는 2층에 있는 3번 방에서 열릴 것이다.

[정답] B

[해설] be + pp가 온다. 뒤에 in room(부사구)가 왔기 때문에 held가 정답이다. [48쪽 7-2 참조]

[어휘] remain 남아있다   restore 회복하다   advise 충고하다   annual 연례, 매년

64. Once the new factory in New York has been _____ , productivity is expected to increase by 34%.

(A) renovation   (B) renovate   (C) renovating   (D) renovated

[해석] 뉴욕의 새로운 공장이 일단 수리되고 나면, 생산성은 34% 정도 향상될 것으로 예상된다.

[정답] D

[해설] Once(종속접속사) + the new factory(주어) + has been renovated(동사), productivity(주어) + is(동사) 유형으로 밑줄은 동사 자리이다. 밑줄 뒤에 목적어가 없어서 renovated가 정답이다. 현재완료수동은 뒤에 목적어가 나오지 않는다. [48쪽 7-2 참조]

[어휘] renovate 수리하다   productivity 생산성   increase 향상하다

65. After production _____ by a mechancial defect, the manufacturing team had to work extra shifts to fill the orders on time.

(A) was interrupted   (B) be interrupted   (C) to interrupt   (D) was interrupted

[해석] 기계적 결합으로 생산이 중단된 후, 제조팀은 제시간에 주문을 맞추기 위해서 여분의 시간동안 일해야 한다.

[정답] D

[해설] 종속접속사(After) + production(주어) + (동사), the manufacturing team(주어) + had(동사) 문제유형으로 밑줄은 동사 자리인데 뒤에 by가 있으면 무조건 수동태가 정답이다. [54쪽 10-1 참조]

[어휘] production 생산   defect 결함   on time 제시간에   interrupt 중단한다.

66. The new sample _____ to give the team an idea of whether the vihicle design is stable at high speeds.

(A) had expected   (B) expecting   (C) is expected   (D) expects

[해석] 새로운 보기는 빠른 속도에서 차량 디자인이 안정적인지 아닌지에 대한 생각을 팀에게 줄 것으로 기대된다.

[정답]   C

[해설]   The new sample(주어) + 동사 자리이다. 뒤에 to give the team 부사구가 있어서 be + pp가 나온다. be + pp 뒤에는 목적어가 나오지 않는다. (A), (D)는 뒤에 목적어가 나온다.   [48쪽 7-2 참조]

[어휘]   vehicle 차량   stable 안정적인   whether ~인지 아닌지

---

67. If Mr. Smith _____ known about the construction project planned for the property next door, she would never have purchased an apartment in New York.

(A) would   (B) has   (C) shoul   (D) had

[해석]   스미스 씨 옆 건물에 예정된 건축 계획에 대해 알았다면, 뉴욕에 있는 아파트를 절대로 구매하지 않았을 것이다.

[정답]   D

[해설]   가정법 과거완료 If + 주어(Mr. Smith) + had + known, 주어(she) would never have purchased가 나오므로 앞에는 had + pp가 나온다.   [50쪽 8-2 참조]

[어휘]   property 건물, 부동산   purchase 구매하다.

---

68. If the laboratory statt had finished their safety by the scheduled deadline, the compa ny _____ to delay the production of the new line of sports equipment.

(A) does not have   (B) would not be had   (C) would not have had   (D) did not have

[해석]   실험실 직원들이 예정된 마감일까지 안전도 검사를 마쳤다면, 회사는 새로운 운동장비 라인의 생 산을 지연시키지 않았을 것이다.

[정답]   C

[해설]   가정법 과거완료 If + laboratory staff + had + finished, the company would not have had가 정답, 가정법 과거완료 If + S + had + pp, S + would + have + pp.   [50쪽 8-2 참조]

[어휘]   laboratory 실험실   deadline 마감일   delay 지연시키다   equipment 장비

---

69. If Mr. Smith had kept her receipt, a refund _____ given to her for the damaged equipment already.

(A) would not be   (B) wouldn't have been   (C) would be   (D) wouldn't have been

[해석] 스미스 씨가 영수증을 가지고 있었더라면, 이미 망가진 장비에 대해 환급을 받았을 것이다.

[정답] D

[해설] 가정법 과거완료 If + 주어 + had + pp, would have + pp 앞에 had kept가 있으므로 뒤에는 wouldn't have been 나온다. 부정문일 때 would 뒤에 not을 쓴다. [50쪽 8-2 참조]

[어휘] receipt 영수증   equipment 장비

70. If he _____ sooner about the opening at Lottle Consulting, Mr. Tom would have applied for a job there instead of at Frozen.

(A) had known   (B) was known   (C) have been known   (D) was being known

[해석] 롯데 자문회사의 공석에 대해 더 일찍 알았더라면, 미스터 탐은 Frozen사 대신 그곳에 일자리를 지원했을 것이다.

[정답] A

[해설] 가정법 과거완료 If + S + had+pp... S + would + have+pp. If he had known... Tom would have applied가 온다. [50쪽 8-2 참조]

[어휘] opening 공석, 결원   apply 적응하다

71. If I _____ diligent when I was young, I would be happier now.

(A) was   (B) were   (C) had been   (D) will be

[해석] 내가 어렸을 때 근면했더라면, 나는 지금 훨씬 더 행복할 텐데

[정답] B

[해설] 가정법 과거 I + S + were... I would be(동사원형) [58쪽 8-1 참조]

[어휘] diligent 근면한

72. Owing to drop in popularity, Prince Beverages _____ production of their line of flavored teas starting next quarter.

(A) was discontinued   (B) discontinued   (C) to discontinue   (D) will discontinue

[해석] 인기하락으로, Prince Beverages사는 다음 분기부터 향기 나는 차 제품 생산을 중단할 것이   다.

73. Mr. Kim _____ a letter to the editor of the journal after she found an error in an article.

(A) wrote   (B) had written   (C) writing   (D) writes

[해석] 김 씨는 기사에서 오류를 발견한 후에 잡지 편집장에게 편지를 썼다.

[정답] A

[해설] after 뒤에 동사 found(find)의 과거동사가 있어서 시제일치로 과거동사가 정답이다.
  [51쪽 9-1 참조]

[어휘] editor 편집장   article 기사

74. The lease contract for Frozen company new office space _____ by courier yesterday morning.

(A) arrives   (B) arriving   (C) will arrive   (D) arrived

[해석] Frozen company 새로운 사무실 공간에 관한 임대계약서가 어제 아침 택배로 도착했다.

[정답] D

[해설] yesterday 과거부사가 있으므로 과거동사가 정답이다.   [44쪽 5-1 참조]

[어휘] lease 임대의   contract 계약서   courier 택배

75. Sam Sung Textiles _____ a large loss several years ago because of the merging of its two biggest competitors.

(A) suffer   (B) suffers   (C) suffered   (D) suffering

[해석] Sam Sung Textiles 회사는 수년 전 가장 큰 두 경쟁사의 합병으로 큰 손해를 입었다.

[정답] C

[해설] ago 과거부사가 있어서 과거동사가 정답이다.   [44쪽 5-1 참조]

[어휘] competitor 경쟁자   suffer 고통 받다

76. The technician will visit our office for installation of the new equipment when it _____ delivered.

(A) will be   (B) is   (C) was   (D) had been

[해석] 기술자는 새로운 장비가 배달되면 장비의 설치를 위해 우리 사무실을 방문할 것이다.

[정답] B

[해설] when it is delivered 시간을 나타내는 부사절은 현재가 미래를 대신한다. [45쪽 5-3 참조]

[어휘] technician 기술자   installation 설치   equipment 장비

77. When Mr. Kim returned from his business trip, he noticed that several documents from his office.

(A) are disappearing   (B) will disappear   (C) will disappear   (D) had disappeared

[해석] 김 씨가 출장에서 돌아왔을 때, 그는 사무실에서 서류 몇 개가 없어진 것을 알았다.

[정답] D

[해설] 알아차린 것 이전에 서류가 없어졌기 때문에 과거동사(noticed)보다 한 단계 앞선 대과거(had disappeared)가 정답이다. [44쪽 5-1 참조]

[어휘] business trip 출장   notice 알아채다   disappear 사라지다

78. The delegates form New York _____ meeting with Mr. Kim in the conference room tomorrow morning at 10.

(A) was   (B) have been   (C) is   (D) will be

[해석] 뉴욕 대표들은 내일 아침 10시에 회의실에서 김 씨와 만나고 있을 것이다.

[정답] D

[해설] tomorrow morning 미래시제가 있어서 미래 동사 will be가 정답이다. [44쪽 5-2 참조]

[어휘] delegate 대표   conference 회의

79. MR. Park _____ a member of Eastern Vineyards' board of directors since the company opened 30 years ago.

(A) was   (B) is   (C) will be   (D) has been

[해석] 박 씨는 30년 전 회사가 창립한 이래로 Eastern Vineyards' 사의 이사회 회원이었다.

[정답] D

[해설] ago를 보고 과거로 생각하면 안 된다. 선택지도 과거동사가 없고, since가 있으므로 현재완료 (has been)가 정답으로 나온다. [44쪽 5-1 참조]

[어휘] board of directors 이사회   since ~이후로

80. Before they took their morning break, the event organizer _____ attendees about the change of speaker for the afternoon session.

(A) notify   (B) is notifying   (C) had notified   (D) notifies

[해석] 그들이 오전 휴식 시간을 갖기 전에, 행사 주최자는 참석자들에게 오후 회의의 발표자 변경을 알렸다.

[정답] C

[해설] before가 있으면 과거완료가 정답으로 나온다. [44쪽 5-1 참조]

[어휘] attendee 참석자   notify 알리다

81. Asia Air _____ a small surcharge to their fares next month to help pay for the high cost of operations.

(A) will apply   (B) had applied   (C) applies   (D) applying

[해석] 아시아나 항공사는 높은 운영비용을 충당하기 위해 다음 달부터 항공 요금에 약간의 부가요금을 적용할 것이다.

[정답] A

[해설] next month가 있으므로 미래 동사가 정답으로 나온다. [44쪽 5-2 참조]

[어휘] surcharge 부가요금   fare 요금   operation 운영

82. Because demand has been so high. Lottle Department Store will _____ its order of SulHwa cosmetics by 30 percent.

(A) increase   (B) increases   (C) increasing   (D) increased

[해석] 수요가 매우 높았기 때문에, 롯데백화점은 설화 화장품의 주문량을 30 퍼센트 늘릴 것이다.

[정답] A

[해설] 조동사 will 뒤에는 동사원형이 온다.   [46쪽 6-1 참조]

[어휘] cosmetics 화장품   increase 증가하다

83. Mr. Kim recently visited New York _____ she made a presentation to attract potential clients.

(A) why   (B) which   (C) where   (D) what

[해석] 김 씨는 최근 뉴욕을 방문하여 잠재 고객 유치를 위한 프레젠테이션을 했다.

[정답] C

[해설] Mr. Kim(주어), visited(동사) + 종속접속사 + she(주어) + made(동사) 접속사는 where
  [54쪽 10-1 참조]

[어휘] attract 끌다, 유치하다   potential 잠재적인, 미래의

84. _____ we receive your payment before midnight, we will still be able to ship your package tomorrow morning.

(A) In order to   (B) Despite   (C) In spite of   (D) As long as

[해석] 우리가 자정 전에 당신의 돈을 받는 한, 우리는 당신의 짐을 내일 아침에 배송할 수 있다.

[정답] D

[해설] 종속접속사(As long as) + we(주어) + receive(동사), we(주어) + will be(동사)   [54쪽 10-1 참조]

[어휘] as long as ~하는 한   receive 받다   midnight 자정

85. _____ our company is to retain leading edge over the competition, we must improve our customer service.

(A) However   (B) Moreover   (C) If   (D) Therefor

[해석] 만약 우리 회사가 경쟁에서 선두를 유지하려면, 우리는 고객 서비스를 향상시켜야 한다.

[정답] C

[해설] 종속접속사(if)가 답이다. our company(주어)+is(동사), we(주어)+(동사)must improve로 나왔다. (A), (B), (D)는 접속부사다. [54쪽 10-1 참조]

[어휘] retain 유지하다   competition 경쟁   improve 향상시키다   leading 선두의

86. Mr. Lee was hired as assistant manager, _____ he was the most highly qualified.

(A) as much as   (B) because   (C) rather tha   (D) not only

[해석] 이 씨는 가장 자격을 갖춘 사람이어서 보조 매니저로 고용되었다.

[정답] B

[해설] Mr. Lee was hired(주어 + 동사), he was(주어 + 동사) 유형으로 콤마 뒤에 접속사 because가 정답으로 본다. [54쪽 10-1 참조]

[어휘] qualified 자격을 갖춘   as much as ~만큼 ~한   rather than ~라기 보다는

87. _____ Lottle Shipping is famous for punctual service, several of the company's recent deliveries have been delayed by construction in Forest Bay.

(A) While   (B) Even though   (C) However   (D) If

[해석] 비록 롯데Shipping 이 시간을 지키는 서비스로 유명하지만, 최근 그 회사의 배달이 Forest Bay 건설로 지연되었다.

[정답] A

[해설] 종속접속사 + Lottle Shipping is(주어 + 동사), deliveries have been delayed(주어 + 동사)로 나왔기 때문에 접속사 While이 정답이 된다. 접속사 even if(~에도 불구하고), if(~한다면)은 문맥상 옳지않다. [54쪽 10-1 참조]

[어휘] punctual 시간을 지키는   construction 건설

88. _____ Ms Kim had very high performance rating after he last project, she has a good chance of being promoted

(A) As   (B) Due to   (C) Besides   (D) Nevertheless

[해석] Ms Kim 씨가 그녀의 지난 프로젝트 후에 인사고과 등급이 높았기 때문에, 그녀는 승진할 좋은 기회를 얻게 되었다.

[정답] A

[해설] 종속접속사 + Ms Kim had(주어 + 동사), she has(주어 + 동사)가 오므로 접속사인 as가 정답이다. [54쪽 10-1 참조]

[어휘] performance rating 인사고과   promote 승진하다   due to ~때문에
besides 게다가   nevertheless ~에도 불구하고

89. _____ we sent an e-mail for a quote of their product four days ago, they still have not replied to us.

(A) Until   (B) Only if   (C) Nevertheless   (D) Although

[해석] 우리가 4일 전에 그들의 물건의 견적을 e-mail로 보냈음에도 불구하고, 그들은 여전히 답장이 없다.

[정답] D

[해설] 종속접속사 + we + sent(주어 + 동사), they have(주어 + 동사) 유형으로 종속접속사(Although)가 정답이다. [54쪽 10-1 참조]

[어휘] quote 견적   reply 대답하다   only if ~한다면

90. Over the next couple of weeks, the Festival Theater will _____ auditions for its newest play.

(A) held   (B) hold   (C) have been holding   (D) have held

[해석] 앞으로 2~3주에 걸쳐, 페스티벌 극단은 최신 연극에 대해 오디션을 열 것이다.

[정답] B

[해설] 조동사 will 뒤에는 동사원형이 온다. [46쪽 6-1 참조]

[어휘] hold 개최하다   audition 오디션   newest 최신의   play 연극

91. Mangers will review over 200 resumes before the interview process _____ .

   (A) began   (B) begin   (C) begins   (D) will begin

[해석] 부장들은 면접 절차가 시작되기 전에 200통이 넘는 이력서를 검토할 것이다.

[정답] C

[해설] 앞에 시제가 will 미래시제이다. 미래를 나타내주는 will begin이 와야 하지만 시간을 나타내는 부사절(before)에서는 현재가 미래를 대신한다. **[45쪽 5-3 참조]**

[어휘] review 검토하다   resume 이력서   process 절차, 과정

92. On national holidays, the amusement park offers a discount on _____ to government employees and their families.

   (A) admission   (B) exhibition   (C) agency   (D) fee

[해석] 국경일에는 놀이공원에서 공무원 가족들에게 입장료를 할인해 준다.

[정답] A

[해설] 우선 선택지 단어의 뜻을 찾아 지문에서 핵심(key words)어를 찾는다. 놀이공원(the amusement park), 할인(discount)과 선택지 단어의 연관성을 갖는 단어는 admission(입장료)이다.

[어휘] admission 입장(료)   agency 대행사   amusement park 놀이공원

          exhibition 전시   fee 요금   government employees 직원

93. Additional lanes will be added to roadways in order to avoid _____ during rush hour.

   (A) weather   (B) transportation   (C) accident   (D) congestion

[해석] 출퇴근 시간에 교통혼잡을 피하려고 도로에 차선이 추가 될 것이다.

[정답] D

[해설] 선택지 단어를 살펴보고, Additional lanes(차선), added to roadways(도로에 추가) 등 핵심어와 연관해 정답을 찾는다. 도로에 차선이 추가되는 것은 혼잡(congestion)과 관련성이 있다.

[어휘] transportation 운송, 교통   accident 사고   congestion 혼잡

          in order to ~하기 위해서   avoid 회피하다   rush hour 출퇴근

94. The _____ of repairing the wall will be fully covered by the moving company.

(A) policy　　　(B) payment　　　(C) expense　　　(D) machine

[해석]　벽을 수리하는 비용은 이삿짐업체가 전액 낼 것이다.

[정답]　C

[해설]　선택지 단어를 살펴보고 covered(지급하다), moving company(이삿짐회사), repairing(수리) 등과 관련된 단어는 expense(비용)이다.

[어휘]　policy 정책　　　expense 비용　　　fully 전체적으로　　　cover (돈을) 충당하다

95. The University plans to hold a small _____ to honor Mr Kim's three years of service.

(A) reception　　　(B) cooperation　　　(C) completion　　　(D) attractions

[해석]　대학에서는 Mr Kim의 3년 근속을 기념하기 위해서 조촐한 축하연을 열 계획이다.

[정답]　A

[해설]　선택지 단어를 살펴보고, honor(기념하다)와 연관된 단어는 reception(환영회)이다.

[어휘]　reception 환영회　　　cooperation 협조　　　completion 완성　　　attractions 매력
　　　　hold 주최하다

96. Following the merger with the Dreams Star Company, we experienced _____ growth in Korea market.

(A) strategic　　　(B) competitive　　　(C) stable　　　(D) significant

[해석]　드림즈 회사와 합병 후에, 우리는 한국 시장에서 상당한 성장을 보았다.

[정답]　D

[해설]　선택지 단어를 살펴보고, merger(합병), growth(성장) 앞에 오는 상당한(significant) 단어를 정답으로 한다.

[어휘]　strategic 전략　　　competitive 경쟁적인　　　stable 안정적인　　　significant 상당한

97. Owing to the _____ decline in exports, the government has encouraged citizens to use domestic goods.

(A) complete   (B) correct   (C) strange   (D) consistent

[해석] 지속적인 수출 감소로 인해, 정부는 시민들에게서 국산 제품을 더 많이 사용하도록 장려했다.

[정답] D

[해설] 선택지 단어를 살펴보고, decline(감소하다), encouraged(장려하다), exports(수출) 등의 단어와 연관되는 단어 consistent(지속적인)을 선택지에서 고른다.

[어휘] complete 완전한   correct 정확한   strange 이상한   consistent 지속적인

98. Residents of Seoul largely _____ the plan to transform the parking lot into a park.

(A) declare   (B) reform   (C) prohibit   (D) support

[해석] 서울시 주민들은 주차장을 공원으로 바꾸자는 계획을 대체로 지지한다.

[정답] D

[해설] 선택지 단어를 살펴보고, transform(바꾸다), park(공원) 등과 관련성 있는 단어 지지하다(support)를 정답으로 한다.

[어휘] Residents 주민   declare 선언하다   reform 개혁하다   prohibit 금지하다   support 지지하다

99. After reading our objective synopsis of a company and its products in this category, you can proceed _____ to their web site if you wish.

(A) directly   (B) direct   (C) direction   (D) director

[해석] 이 범주에 있는 한 회사와 그 회사의 제품들에 대한 우리의 객관적인 개요를 읽고 난 후에, 원하시면 그 회사의 웹사이트에 곧바로 갈 수 있습니다.

[정답] A

[해설] 동사(proceed)를 수식하는 것은 부사이다. [76쪽 19-2 참조]

[어휘] objective 객관적인   synopsis 개요   category 범주

100. The completed application must be returned by mail, along with the list of attachment, in order to for us to _____ any request for funding.

(A) compensate   (B) evaluate   (C) object   (D) persuade

[해석] 완성된 신청서는 자금조달에 관한 평가를 위해, 첨부 리스트에 따라 메일로 되돌려 보내져야 합니다.

[정답] B

[해설] completed application(완성된 신청서)는 평가(evaluate)와 관련이 있다.

[어휘] evaluate 평가하다   attachment 첨부   compensate 상쇄하다

persuade 설득하다

101. If you suspect that someone has broken into your computer, please disconnect it from the network and contact the information Security Office _____ .

(A) recently   (B) especially   (C) immediately   (D) unexpectedly

[해석] 만약 누군가가 당신의 컴퓨터에 침입한 것이 의심스러우면 네트워크에서 컴퓨터를 분리하고 즉시 정보 보안 실로 연락하여 주십시오.

[정답] C

[해설] broken into your computer(컴퓨터 침입)과 연관된 단어는 즉시(immediately)이다.

[어휘] suspect ~을 의심하다   information 정보   especially 특별히

disconnect 분리하다

102. You can transfer money from one account to _____ using our online banking service.

(A) one   (B) another   (C) other   (D) one another

[해석] 당신은 우리의 은행 서비스를 이용하여 돈을 계좌에서 다른 계좌로 옮길 수 있습니다.

[정답] B

[해설] transfer money from one account(다른 계좌로 옮길 수 있다) 호응하는 말은 다른 이용 another using이다.

[어휘] transfer 옮기다, 이동하다

103. If the customer decide to cancel, and return the goods within the time limits, he is entitled to expect to have his money _____ within 30 days.

(A) refunds   (B) refunded   (C) refunding   (D) is refunded

[해석] 고객이 취소를 결정하고 상품을 제한 시간 내에 반환한다면 그는 30일 이내에 돈을 환불받을 자격이 생깁니다.

[정답] B

[해설] have + 목적어(his money) + 분사형용사(refunded) 유형이다. 환급이 되는 것이므로. 수동인 refunded 나온다. [37쪽 2-3 참조]

[어휘] entitle ~에게 자격을 주다   expect 기대하다   within ~안에

104. If you are injured on the job, there are several important steps to ensure that you receive full _____ for your claim.

(A) compensate   (B) compensated   (C) compensating   (D) compensation

[해석] 직무 중에 상해를 입었을 때, 당신의 청구에 대해 전액 보상을 받을 수 있게 해주는 중요한 과정들이 있습니다.

[정답] D

[해설] 형용사 full 수식을 받는 명사가 나온다. [72쪽 17-4 참조]

[어휘] claim 요구하다   compensation 보상   injure 상처를 입다.

105. In order to realize our strategic plan, we will have to work _____ and in partnership with our customer.

(A) collaborate   (B) collaborative   (C) collaboratively   (D) collaboration

[해석] 우리의 전략적 계획을 실현하기 위하여, 우리는 협동적으로 일해야 하고 고객들과 협력하여야 합니다.

[정답] C

[해설] 동사 work를 수식하는 부사가 온다. **동사 가까이 밑줄이 그어져 있으면 거의 부사가 정답으로** 온다. [76쪽 19-2 참조]

[어휘] strategic 전략적인   collaboratively 협동적으로   partnership 협력

106. All residence hall cafeterias will close at 2:30 p.m. March 16 and will resume _____ scheduling March 26.

(A) regular   (B) regulars   (C) regularity   (D) regularities

[해석] 모든 주택 카페테리아가 3월 16일 오후 2시 30분에 닫을 것이고 3월 26일에 다시 열 것 입니다.

[정답] A

[해설] scheduling 명사를 수식해주는 형용사 regular가 정답이다.   [72쪽 17-4참 조]

[어휘] residence 주거, 주택   regular 규칙적인

107. Please note that if the email address is not valid, complete and accurate, you will not receive a _____ .

(A) respond   (B) respondin   (C) responded   (D) response

[해석] 이메일 주소가 유효하지 않거나, 완전하지 않거나, 정확하지 않으면 당신은 응답을 받지 못한다는 것을 주목하여 주십시오.

[정답] D

[해설] 관사 a 다음에는 명사가 나온다.   [72쪽 17-4 참조]

[어휘] valid 유효한   accurate 정확한   respond 반응하다   note 적어둔다

108. Some people _____ respond to stress by drinking heavily and also use alcohol to elevate their mood.

(A) habit   (B) habits   (C) habitual   (D) habitually

[해석] 어떤 사람들은 습관적으로 과음으로 반응하고 알코올을 그들의 기분을 좋게 만들기 위해 사용합니다.

[정답] B

[해설] 동사 respond를 수식하는 부사가 와야 한다.   [76쪽 19-2 참조].

[어휘] habitual 습관적으로   respond 반응하다   elevate 평가하다

109. Looking at sample resumes that have been professionally written can help you create your own resume that is _____ and provides all the information that employers need.

(A) impress   (B) impressive   (C) impression   (D) impressing

[해석] 전문적으로 적혀진 이력서 예문을 보는 것은 당신의 이력서를 인상 깊게 만들어 주고 고용주가 필요로 하는 정보를 제공할 수 있게 해줍니다.

[정답] B

[해설] is(be)동사 뒤에 형용사가 나온다.   [71쪽 17-1 참조]

[어휘] impressive 인상적인   provide 제공하다

---

110. In order to _____ a table, you must submit a Room Reservation Form found in the appendix of this manual to the Reservations Coordinator.

(A) appoint   (B) connect   (C) respond   (D) reserve

[해석] 테이블을 예약하기 위해서, 이 책의 부록에 있는 예약서식을 예약조정자에게 제출하여야 합니다.

[정답] D

[해설] Room Reservation Form(예약서식), Reservations Coordinator(예약조정자)와 관련 있는 단어 reserve를 정답으로 한다.

[어휘] appendix 부속물, 부록   coordinator 조정자   appoint 임명하다
connect 연결하다   respond 응답하다   reserve 예약하다

---

111. Mr. Kim created the company's web site by _____ , but was unable to be more creative due to time and financial constraints.

(A) itself   (B) herself   (C) himself   (D) themselves

[해석] 김 씨는 회사의 웹사이트를 만들었지만, 시간과 압박으로 보다 창조적으로 만들지는 못하였습니다.

[정답] C

[해설] 재귀대명사가 나오면 앞에 주어와 일치시켜서 일치되면 정답으로 한다. Mr. kim=himself
[68쪽 16-2 참조]

[어휘] constraint 강제, 압박

112. _____ something is done, global warming may well be mankind's final disaster.

(A) Also (B) Excep (C) Unless (D) Therefore

[해석] 무언가 조치를 하지 않는다면, 지구 온난화는 인류의 마지막 재앙이 될 것이다.

[정답] C

[해설] 종속접속사(unless) + something is(주어 + 동사), global warming(주어) + may(동사) 종속접속사 unless가 정답이다. [54쪽 10-1 참조]

[어휘] disaster 재난   unless 만일~하지 않는다면

113. All persons visiting the school are asked to park _____ cars in the parking lot, not in front of the school building.

(A) they (B) their (C) theirs (D) themselves

[해석] 학교에 방문하는 모든 사람은 차를 학교건물 앞이 아니라 주차장에 주차해야 합니다.

[정답] B

[해설] 명사 앞에 소유격이 온다. [72쪽 17-4 참조]

[어휘] a parking lot 주차장

114. With a view to promoting investments, both countries have signed an _____ for the promotion and protection of investments.

(A) agrees (B) agreed (C) agreement (D) agreements

[해석] 투자를 촉진한다는 측면에서 두 국가는 투자 촉진과 보호에 관한 협약서에 서명하였습니다.

[정답] C

[해설] 관사 an 뒤에는 명사가 나온다. [72쪽 17-4 참조]

[어휘] promote 진척시키다   agreement 협약서

115. It's possible that when you set up your online account, your e-mail address was
_____ misspelled.

(A) accident   (B) accidental   (C) accidentally   (D) accidents

[해석] 당신이 온라인 계정을 만들 때 주소를 잘못 썼을 수 있습니다.

[정답] C

[해설] be + pp 사이 부사가 나온다. [76쪽 19-1 참조]

[어휘] misspell ~의 철자를 잘못 쓰다   account 계정   accident 사고, 우연

116. Defective or damaged items must be returned to us within 30 days in order to receive
a refund or _____ .

(A) complaint   (B) receipt   (C) promotion   (D) replacement

[해석] 하자가 있거나 손상된 상품의 환급이나 교환을 위해서 우리에게 30일 이내에 돌려주어야 합니다.

[정답] D

[해설] Defective or damaged items(하자와 손상된 상품)과 관련된 replacement(교환)이 정답으로 나온다.

[어휘] defective 결함이 있는   in order to ~하기 위해서   complaint 불평   receipt 영수증

117. As a member of the audience yesterday, I'd like to thank you for a very _____
presentation.

(A) inform   (B) informer   (C) informative   (D) information

[해석] 어제 관객의 일원으로서 저는 당신의 매우 유익한 발표에 감사하고 싶습니다.

[정답] C

[해설] 명사 presentation 앞에 형용사가 온다. [72쪽 17-4 참조]

[어휘] presentation 발표   information 정보

118. Full registration fees cover _____ at all sessions Monday 5 December to
Wednesday 7 December.

(A) attendance   (B) attendee   (C) attended   (D) attendant

[해석] 모든 등록비용은 12월 5일 월요일부터 12월 7일 수요일까지의 모든 회의의 비용입니다.

[정답] A

[해설] cover(포함한다) 타동사 뒤에는 명사가 나온다.　[33쪽 1-4 참조]

[어휘] registration fees 등록비용　　attendance 참석, 출석　　attendee 참석자

　　　attendant 종업원

119. _____ the minister nor his deputy will be able to attend the four-day Seattle
meeting as it clashes with the domestic budget debate.

(A) Both　　　(B) Whether　　　(C) Neither　　　(D) Besides

[해석] 국내 예산심의 일정과 겹치기 때문에 처음부터 나흘 동안 열리는 시애틀 회의에 장관과 그의 대리
인 중, 어느 누구도 참석할 수 없을 것이다.

[정답] C

[해설] Neither ~nor 문제이다.　[55쪽 10-2 참조]

[어휘] deputy 대리인　　　clash with ~과 겹치다　　　debate 토론, 논쟁

Time 8

TOEIC 어휘문제 Part 6

장문 빈칸 채우기

TOEIC 어휘문제 Part 7

단일지문, 이중지문, 삼중지문

어휘 문제 풀이

문법 문제는 총 30문제로 구성되어 있는데 그중 평균 8~9문제가 어휘로 출제된다. 어휘는 business와 관련하여 출제되기에 필요한 단어만 숙지하시면 된다.

[풀이 방법] 우선 선택지에 나와 있는 단어를 살펴본다. 선택지에 있는 단어를 가지고 문제지 문에 나온 단어 사이에서 관련성과 유사성을 찾는다.

120. These modern machines increase the manufacturing _____ dramatically.

(A) component   (B) instrument   (C) capacity   (D) agreement

[해석] 이 최신 기계들은 제조능력을 급격하게 증가시킨다.

[해설] 동사 increase와 자연스럽게 어울리는 capacity를 답으로 고른다.

[정답] C

[어휘] modern 현대적인, 최신의   increase 증가시키다   manufacturing 제조
dramatically 급격하게

121. The manager inspected the _____ in the factory and replaced some of its parts.

(A) procedure   (B) innovation   (C) construction   (D) equipment

[해석] 관리자는 공장의 장비를 점검하고 나서 일부 부품을 교체했다.

[정답] D

[해설] 점검을 받고(inspected) 부품(parts)을 교체(replace)할 수 있는 것은 선택지에서 장비 (equipment)뿐이므로 정답이다.

[어휘] procedure 절차, 순서   innovation 혁신   construction 공사
equipment 장비   inspect 점검하다   replace 교체하다   part 부품

122. Daiso attracts customers by offering _____ rates.

(A) modern (B) damaged (C) structural (D) competitive

[해석] 다이소는 경쟁력 있는 가격을 제시함으로써 고객들을 유치한다.

[정답] D

[해설] attract(유치한다), offering(제공), rates(가격) 등과 잘 어울리는 단어는 competitive 경쟁력있는 가격을 제공하는 것이다.

[어휘] structural 구조적인   competitive 경쟁력 있는

123. Some of the furniture was damaged when it was _____ onto the moving van.

(A) ordered (B) released (C) recalled (D) loaded

[해석] 가구 일부가 이삿짐 트럭에 실려올 때 손상되었다.

[정답] D

[해설] ~onto the moving van ~위에 싣다와 호응하는 동사는 loaded이다

[어휘] release 출시하다   furniture 가구   damaged 손상된   moving van 이삿짐 트럭

124. The air-conditioning units were just delivered and were _____ by the technician.

(A) ordered (B) changed (C) installed (D) introduced

[해석] 에어컨 제품이 막 도착해서 기술자가 설치했다.

[정답] C

[해설] 기술자(technician)가 에어컨을 설치한다.

[어휘] deliver 배달하다   technician 기술자   install 설치하다

125. The factory machinery is inspected once a month to ensure it _____ properly.

(A) changes (B) functions (C) simplifies (D) transports

[해석] 공장 기계류는 제대로 작동하는지 확실히 하기 위해 한 달에 한 번씩 점검된다.

[정답] B

126. To avoid shipping damage, _____ items should be carefully packaged in bubble wrap.

   (A) deliberate   (B) fragile   (C) supportive   (D) cautious

[해석] 배송 중 손상을 막기 위해, 깨지기 쉬운 제품은 비닐 기포 포장지에 꼼꼼하게 포장해야 한다.

[정답] B

[해설] shipping damage(배송 중 손상)과 관련된 단어는 fragile(깨지기 쉬운)이다.

[어휘] deliberate 신중한   avoid 피하다   cautious 조심하는   package 포장하다

127. The IT department took very _____ measures to guard against computer viruses.

   (A) total   (B) defective   (C) complete   (D) effective

[해석] IT부서는 컴퓨디 비이러스가 싱기지 않도록 보오하기 위해 매우 효과적인 조치를 취했다.

[정답] D

[해설] measure(조치) guard against(보호하기 위해서) 단어들과 가장 잘 어울리는 것은 effective(효과적인)이다.

[어휘] measure 조치   against ~에 반대하여   department 부서

128. Workers who want to relocate to the HyunDae branch should _____ a request to Mr. Kim.

   (A) advise   (B) submit   (C) engage   (D) accept

[해석] 현대지점으로 이전하기를 원하는 직원들은 김 씨에게 신청서를 제출해야 한다.

[정답] B

[해설] transfer request(이전 요청)과 문맥상 어울리는 동사는 relocate(근무지 이전) 동사이다.

[어휘] relacate 이전하다   accept 받아들인다

129. Even though Mr. Kim does not meet, the _____ for the role she was given a chance to have an interview.

(A) positions   (B) careers   (C) qualifications   (D) rewards

[해석] 김 씨는 역할에 대한 자격을 충족시키지 못함에도 불구하고, 그녀에게 면접을 볼 기회를 주었다.

[정답] C

[해설] meet(~을 충족시키다)라는 동사와 어울리는 qualifications 단어가 정답이다.

[어휘] reward 보상   meet 충족시키다   have an interview 면접을 보다

130. Individuals with more than three years of experience are _____ to apply for the head researcher position.

(A) controlled   (B) flexible   (C) possibl   (D) eligible

[해석] 3년 이상의 경험을 가진 사람들은 선임연구원직에 지원할 자격이 있다.

[정답] D

[해설] experience(경험하다)가 있고, head researcher position(선임연구원)과 관련 있는 eligible(~할 자격 있는)이 정답이다.

[어휘] individual 개인   apply for ~에 지원하다   head researcher 선임 연구원

131. Personal Manager Mr. Kim will soon _____ new contracts with exceptional employee.

(A) present   (B) cooperate   (C) negotiate   (D) achieve

[해석] 인사팀장인 김씨는 조마간 특출한 직원들과 새로 계약을 협상할 것이다.

[정답] C

[해설] contract(계약)과 호응하는 것은 협상하는 것이므로 정답은 negotiate이다.

[어휘] cooperate 협동하다   achieve 성취하다   personnel manager 인사팀장
contract 계약서

132. To increase productivity, Lottle Company has _____ an employee incentive plan.

(A) implemented   (B) collaborated   (C) collected   (D) separated

[해석] 생산성을 늘리기 위해서, 롯데회사는 직원 성과급 제도를 시행했다.

[정답] A

[해설] an employee incentive plan(직원 성과급제도)와 어울리는 implemented(시행하다)가 정답이다.

[어휘] collaborated 협업하다   collected 모으다   separated 분리하다   productivity 생산성

133. Ms, Hyun will receive an award at the meeting for his _____ performance this year.

(A) increased   (B) outstanding   (C) urgent   (D) determined

[해석] 현 여사는 올해 뛰어난 실적으로 회의에서 상을 받을 것이다.

[정답] B

[해설] receive an award(상을 받다)와 호응을 이루는 단어는 outstanding(뛰어난, 탁월한)이다.

[어휘] performance 공연   award 상   increase 증가하다

134. All employees must comply with the restaurant's new health and safety _____ .

(A) admissions   (B) contributions   (C) regulations   (D) observation

[해석] 모든 직원은 식당의 새로운 보건 및 안전규정을 따라야 한다.

[정답] C

[해설] comply with ~을 따르다와 상관되는 단어는 regulations 규정이다.

[어휘] admission 입장   contribution 공헌, 기여   observation 관찰

135. Mr Kim will be _____ to the factory in Seoul next year to oversee its expansion.

(A) ordering   (B) assessing   (C) transferring   (D) counting

[해석] 김 씨는 사업 확장을 감독하기 위해 내년에 서울에 있는 공장으로 전근 갈 예정이다.

[정답] C

[해설]   공장(factory) 확장을 위해(expansion) 호응을 이루는 것은 전근(transferring) 가는 것이다.

[어휘]   oversee 감독하다   expansion 확장   transfer 전근가다   aseess 평가하다

136. Once our new laptop computer has been developed, it will be _____ in all major electronics stores.

(A) responsible   (B) available   (C) desirable   (D) flexible

[해석]   우리 회사의 새로운 노트북 컴퓨터는 일단 개발되기만 하면, 모든 대형 전자제품점에서 구매할 수 있을 것이다.

[정답]   B

[해설]   our new laptop computer 새로운 노트북 컴퓨터 developed 개발하다와 연관 있는 available 정답이 된다.

[어휘]   responsible 책임 있는   available 구입할 수 있는   desirable 바람직한
flexible 융통성 있는

137. The market research team is _____ possible reasons why the product does not appeal to customers.

(A) investigating   (B) contacting   (C) protesting   (D) removing

[해석]   시장 조사팀은 제품이 고객들의 관심을 끌지 못하는 이유로 가능한 것들을 조사하고 있다.

[정답]   A

[해설]   possible reasons why 가능한 이유를 조사하다 investigating와 어울린다.

[어휘]   appeal 호소하다   investigate 조사하다   postpone 연기하다   remove 제거하다

138. Hotel Lotte keeps its guest happy by offering room service meals at a _____ price.

(A) cautious   (B) reasonable   (C) temporary   (D) durable

[해석]   롯데호텔은 저렴한 가격에 룸서비스 식사를 제공함으로써 손님들을 만족시킨다.

[정답]   B

[해설]   price을 수식해 의미가 통하는 reasonable 합리적인 단어가 호응을 이룬다.

139. Mr. kim deals directly with customer _____ about product defects and performance issues.

(A) purchases   (B) complaints   (C) satisfaction   (D) requirements

[해석] 김 씨는 제품 결함 및 성능 문제에 관한 고객 불만을 직접 처리한다.

[정답] B

[해설] product defects 제품 결합과 관련 있는 complaint 불평이 정답이다.

[어휘] complaint 불만   deal with ~을 처리하다   defect 결합   performance 성능
        purchase 구입   requirement 요건   satisfaction 만족

140. Workers who want to relocate to the Midwood branch should _____ a request to Mr. Kim.

(A) advise   (B) submit   (C) engage   (D) accept

[해석] 미드우드 지점으로 이선하기를 원하는 직원은 김씨에게 신청서를 제출해야 한다.

[정답] B

[해설] transfer request(이전 요청)과 문맥상 어울리는 동사는 신청서를 제출(submit)가 정답이다.

[어휘] relocate ~에 위치하다   request 요청하다   branch 지점

장문 빈칸 채우기

자주 나오는 숙어

be dedicated to	~에 전념하다	be concerned with	~에 관계가 있다
be satisfied with	~에 만족하다	be equipped with	~을 갖추다
be eligible to	~할 자격이 있는	be susceptible of	~을 할 수 있는
be subjective to	~하기로 되어 있는	take part in	~에 참석하다
be engage in	~에 종사하다	be aware of	~알고 있는
be capable of	~을 할 수 있는	be interested to	~에 관심이 있다
be dependent on	~에 의존하다	consist of	~으로 구성되다
be likely to	~할 것 같은	on behalf of	~을 대신하여

Reading Comprehension Part 6

어휘 문제는 앞 문장이나 뒤 문장에서 관련성을 찾고, 문법은 배운 것을 바탕으로 푼다. 접속부사(연결어) 문제는 밑줄 앞뒤에서 단서를 찾는다. 문맥에 맞는 문장 고르기 문제유형은 맨 나중에 푼다.

접속부사

부가	in addition, besides, plus, moreover(게다가), furthermore(더욱이)
순서	then(그 다음에), thus(그러므로), afterwords(그 후에)
가정	otherwise(그렇지 않으면), nevertheless, nonetheless(그럼에도 불구하고)
대조	however(그러나), in contrast(그에 반해서), on the other hand, on the contrary(반대로)
추가	in fact, indeed(사실)
결과	as a result(결과적으로), hence(그러므로), thus(따라서),
실례	for example, for instance(예를 들어)

[예문]

I heard that there ___1___ a pile of unwashed dishes in the sink for the last 2 weeks. If there is no time for you to wash your dirty plates, please leave them on your desk until you have the time to wash them. A study ___2___ that even a couple of dirty plates can encourage everybody to leave their food-stained dishes in the sink, too. ___3___ , when the sink is empty, people are more likely to wash their dishes immediately. ___4___ .

1. (A) be   (B) will be   (C) had been   (D) is being

2. (A) shows   (B) showing   (C) show   (D) will show

3. (A) If so   (B) Consequently   (C) However   (D) Unfortunately

4. (A) There, employees should wash their dishes once they are done with them.

   (B) In that case, we should purchase all of the dishes immediately.

   (C) Furthermore, all of you must finish it everyday in a timely manner.

   (D) Even so, the new policy discourages people from washing their hands.

제가 2주 동안 싱크대에 한 무더기의 씻지 않은 접시들이 ① **있었다는** 것을 발견했습니다. 자신의 더러운 접시를 씻을 시간이 없으면, 씻을 시간이 날 때까지 그것들을 자신의 책상 위에 두세요. 한 연구는 두세 개의 더러운 접시조차도 다른 사람들이 음식 찌꺼기가 묻어있는 접시를 싱크대에 그냥 두게 할 수 있음을 ② **보여줍니다.** ③ **하지만,** 싱크대가 비어 있으면, 사람들이 즉시 접시를 닦을 가능성이 크다고 합니다. ④ **따라서, 직원들은 그릇 사용 후 즉시 설거지를 해야 합니다.**

4. (A) 따라서, 직원들은 그릇 사용 후에는 설거지를 해야 합니다.
   (B) 그런 경우라면, 저희는 즉시 모든 그릇을 사야 합니다.
   (C) 게다가, 여러분 모두는 그것을 매일 시기적절하게 끝내야 합니다.
   (D) 그렇지만, 이 새로운 정책은 사람들이 손 씻는 것을 그만두게 합니다

[예문 해설]

① heard가 **과거시제**이므로 이보다 앞선 **과거완료(had been)가** 나와야 한다.
② 주어가 오면 동사가 오는 문제이다. **A study가 주어이므로 단수 동사 shows가** 정답이다.
③ 앞 문장은 접시를 닦지 않고 그냥 두는 상황이고, 뒤 문장은 접시를 닦을 상황으로 앞뒤 **상반되는 However가** 정답이다.
④ 앞의 내용 더러운 접시 몇 개만 있어도 다른 사람들이 따라서 접시를 싱크대에 두지만, 싱크대가 비어 있으면 즉시 접시를 닦을 가능성이 크다고 밝혀진 결과가 나왔다. 이를 근거로, 즉시 설거지를 해야 한다고 제안하는 내용이 나와야 한다.

[어휘] find out 발견하다 / a pile of ~한 무더기의 / plate 접시 / food-strained 음식 얼룩이 묻은 / immediately 즉시 / if so 그렇다면 / consequently 결과적으로 / furthermore 게다가 / in a timely manner 시기적절하게 / even so 그렇기는 하지만 / discourage 그만두게 하다 / wash one's hands 손을 씻다

단일지문, 이중지문, 삼중지문 예시 접근법

Reading Comprehension Part 7

단일지문(29문제), 다중지문 중 이중지문(10문제), 삼중지문(15문제)로 구성돼 있다. 문장 삽입 문제(지문 흐름상 주어진 문장을 삽입할 수 있는 적절한 위치를 고르는 유형), 문자 메시지, 온라인 채팅 지문문제(다수가 참여하는 문자메시지, 메신저 대화, 온라인 채팅 대화문) 그리고 이중지문(두 개의 연계지문에 대한 이해도를 묻는 문항) 삼중지문(세 개의 연계지문에 대한 이해도를 묻는 문항)으로 구성돼 있다.

[실전문제유형1] 알맞은 문장 고르기

Your VS3 Anti-Virus subscription is scheduled to automatically renew on August 3. –[1]–
As a reminder, your subscription includes an automatic renewal feature, which provides uninterrupted protection against viruses and spy ware.

You do not need to do anything –[2]– VS3 will automatically charge the regular subscription fee of $57.99 to your credit card. Once the payment has been processed, we will send a separate confirmation e-mail summarizing the charges. –[3]–

If you wish to cancel the automatic renewal feature, you may do so by signing in to your VS3 account at www.myVS3.com. –[4]– Also, please note that you must turn off the auto renewal feature by August 3 to avoid the automatic charge.

Q. In which of the positions marked [1], [2], [3], and [4] does the following sentence best belong?

"However, canceling the auto renewal feature will leave you at significant risk from the latest security threats."

(A) [1]   (B) [2]   (C) [3]   (D) [4]

Q. [1], [2], [3], [4]로 표시된 위치 중, 다음 문장이 들어갈 곳으로 가장 적절한 것은?

귀하의 VS3 바이러스 퇴치 서비스 이용은 8월 3일에 자동으로 갱신될 예정입니다. -[1]- 상기시켜 드리는바, 귀하의 서비스 이용에는 바이러스와 스파이웨어를 지속해서 차단해주는 자동갱신 기능이 포함되어 있습니다.

귀하가 하실 일은 없습니다. -[2]- VS3는 자동으로 귀하의 신용카드에 정기 이용료인 57.99달러를 청구할 것입니다. 일단 납부가 처리되면, 요금에 대해 요약한 별도의 확인 이메일을 보내드릴 것입니다. -[3]- 만약 자동갱신 기능을 취소하고 싶으시다면, www.myVS3.com 에서 귀하의 VS3 계정에 로그인함으로써 그렇게 하실 수 있습니다. -[4]- 그러나 **자동기능을 취소하는 것은, 적어도 당신을 보안 위협으로부터 상당한 위험에 빠질 것이다.** 또한, 자동적으로 부과를 피하려면 8월 3일까지 자동갱신 기능을 중지해야 한다는 것을 유념해주십시오.

[정답]   D

[해설]   주어진 문장 앞에 However가 있다. However를 기준으로 앞에는 자동갱신을 취소하는 방법을 알려주는 문장이, 뒤에는 그랬을 경우 좋지 않은 점에 관해 언급한 문장이 이어진다.

[어휘]   subscription 구독 / renew 갱신하다 / feature 특징, 기능 / uninterrupted 중단 없는 / charge 청구하다 / subscription fee 구독료 / payment 지불 / process 처리하다 / account 계정 / turn off 끄다 / avoid 피하다

[실전문제유형2] E-Mail 편지문제

[문제 유형] E-Mail 주소와 수신자명(To), 발신자명(From), 제목(Subject)가 제시된다.

Questions refer to the following e-mail

To: Bernie Collins <bcollins @collinssupplies.com>
From: Margaret Ling <mling@webmail.com>
Date: October 18
Subject: Recent order

Dear Mr. Collins

I'm writing to report a problem with a recent delivery. I purchased a photocopier from your store, and it was delivered yesterday. The machine is in perfect working order, and I am pleased with it. However, I also ordered a box of extra ink cartridges for the machine, and that was not included with the delivery. I checked the invoice later and saw that I was charged for the cartridges. **Please let me know by e-mail what the problem is and when I can expect the delivery.**

We are going to need the cartridges very soon, so I hope to receive them as quickly as possible. **I have attached a copy of my invoice for your reference.**

Sincerely,
Margaret Ling
Appleton Office

[Q1] What is the main purpose of the e-mail?

[A1] To report a problem with an order

[Q2] What does Ms. Ling ask Mr. Collins to do?

[A2] Inform her when the items should arrive

[Q3] What has Ms. Ling included?

[A3] A transaction document

[해석]

수신: 베니 클린즈
발신: 마가렛 링
날씨: 10월 18일
제목: 최근의 주문
클린 씨께.

저는 최근 배송에 대한 문제를 알리기 위해 글을 쓰고 있습니다. 당신의 가게에서 복사기를 구매했고, 어제 배송을 받았습니다. 그 기계는 완벽하게 정상적으로 작동했고, 저는 그것에 만족했습니다. 그러나 저는 그 기계에 쓸 추가 잉크 카트리지 한 상자도 주문했는데, 그것은 배송에 포함되지 않았습니다. 송장을 나중에 확인하고 카트리지 가격이 청구된 것을 보았습니다. 무엇이 문제인지 그리고 언제 배송을 받을 수 있을지를 이메일로 알려주세요. 저희가 곧 카트리지가 필요하므로, 가능한 한 빨리 받고 싶습니다. 당신에게 참고가 될 수 있도록 송장 한 부를 첨부합니다.

애플턴 사무실
마가렛 링 드림

[Q1] 이 이메일의 주된 목적은?
[A1] 주문의 문제를 알리기 위해서

[Q2] (링씨가 클린 씨께 요청한 것은?)
[A2] (그녀에게 물품들이 언제 도착할지 알려주기)

[Q3] 링 씨가 첨부한 것은?
[A3] 거래 서류

[해설]
글을 쓰는 목적(purpose) 제시 : 답을 두괄식에서 찾는다.
I'm writing to report a problem with a recent delivery.

세부 내용 전개와 핵심 요청사항 : 문장 중간에서 답을 찾는다. 질문을 ask로 요청했기에 ask와 관련 있는 Please let me 부분에서 답을 찾는다.
Please let me know by e-mail what the problem is and when I can expect the delivery.

추가 내용 및 첨부파일 : 지문 마지막 부분에서 included(첨부된)과 관련된 부분 attached(첨부된) 부분에서 답을 찾는다.
I have attached a copy of my invoice for your reference.

[어휘] delivery 배송 / include 포함하다 / attached 첨부된 / invoice 송장 / reference 참고

[실전문제유형3] 질문에 about이 있는 문제

[문제유형] What is stated / indicated /mentioned / suggested / inferred~ about

[문제해법] 해석할 필요 없이 about 뒤에 나오는 품사와 내용이 일치하는지 살펴본다.

> We are very pleased to offer you a position as media analyst of **International Cooperation Agency**. Following the discussion after the interview. we suggest that you work at our headquarters in Tokyo, Japan. You will report directly to Ms. Kanamoto, manager of the advertising department in Tokyo if you accept this offer.

Q. What is stated **about International Cooperation Agency**?

   (A) It is looking for an engineer.

   (B) Its owner is Ms. Kanamoto.

   (C) Its head office is located in Tokyo.

   (D) It sells automobile.

[해석]

귀하에게 International Cooperation Agency의 미디어 분석가로서의 직책을 제안하게 되어 매우 기쁩니다. 면접 후 논의에 따라, 귀하가 일본, Tokyo에 있는 저희 본사에서 근무할 것을 제안합니다. 이 제안을 수락하시면, Tokyo에 있는 광고부의 부장인 Kanamoto씨에게 직접 보고를 하게 될 것입니다.

  Q. International Cooperation Agency에 관해 언급된 것은?

     (A) 엔지니어를 구하고 있다

     (B) 소유주는 Kanamoto 씨이다.

     (C) 본사가 Tokyo에 자리 잡고 있다

     (D) 자동차를 판매한다.

[정답] C

[해설] 질문에 about이 있는 문제로 about 뒤에 나오는 명사인 International Cooperation Agency를 기준으로 사실 여부를 판단해 보면 두 번째 문장에 일본 Tokyo에 있는 본사라고 제시되어 있다.

[어휘] analyst 분석가 / headquarter 본사 / directly 바로 / accept 받아들이다

[실전문전유형4] 질문에 NOT이 있는 문제

[문제유형] According to the description, for whom is this bag NOT intended?

[문제해법] 선택지의 내용을 지문에 대입하여 지문에 없는 내용을 찾는다.

> The internal padded sleeve fits most laptops with 17-inch screen, and keeps your laptop secure, even on bumpy **bicycle rides**. Large internal compartment has enough space for several books, folders, and files. Perfect as a carry-on for **business trips** or for a **busy college schedule**.

Q. According to the description, for whom is this bag NOT intended?

   (A) University students

   (B) Bicycle riders

   (C) Traveling business people

   (D) Vehicle rivers

[해석] 내부에 패드를 덧댄 덮개는 17인치 스크린을 가진 대부분의 노트북 컴퓨터와 잘 맞으며, 심지어 울퉁불퉁한 자전거 주행 때도 노트북 컴퓨터를 안전하게 보호해줍니다. 대형 내부 칸은 여러 권의 책, 폴더와 파일들을 위한 널찍한 공간을 가지고 있습니다. 출장이나 바쁜 대학 일정을 위한 휴대용 가방으로 완벽합니다.

   Q. 설명에 따르면, 이 가방은 누구를 위해 만들어진 것이 아닌가?
     (A) 대학생들
     (B) 자전거 주행
     (C) 출장
     (D) 자동차 타는 사람

[정답] D

[해설] NOT 문제는 선택지에 있는 내용을 지문에 있는지 살펴 없는 내용을 정답으로 한다.
busy college schedule 바쁜 대학 일정을 University students로 패러프레이징(바꿔쓰기)했다.
Traveling business people을 business trips 으로 패러프레이징했다. Vehicle rivers는 본문에 없다.

[어휘] compartment 칸막이, 구획 / business trip 출장

[실전문제유형5] 질문에 별표(*)로 표시된 확인 문제

[문제유형] What would be the room rate if three guests stay at the hotel?

[문제해법] 숫자를 묻는 문제일 경우 별표를 포함한 여러 가지 특별한 표시가 있는 문장이나 이 탤릭체로 된 문장은 지문을 반드시 확인해야 한다.

Stay in the world's finest hotel!

We, Eco Paradise Hotel, offer you the season's new greeting promotions!

· one-night stay in Deluxe oom with complimentary breakfast

· Free access to outdoor pool, gym, and sauna

· 15% discount on foods & beverages spent in the hotel Room Rate Price at $300

* This promotion covers 2 guests per room. An extra charge of $50 will be placed for each additional guest.

Q. What would be the room rate if three guests stay at the hotel?

   (A) $300   (B) $350   (C) $400   (D) $450

세계 최고의 호텔에서 숙박하세요!

저희 Eco Paradise Hotel에서는 새로운 계절 맞이 프로모션을 제공합니다!

- · 무료 아침 식사와 함께 디럭스 룸에서의 1박
- · 실외 수영장, 체육관, 사우나 무료 이용
- · 호텔 음식 및 음료 15%할인 객실 요금 300달러

* 이 프로모션은 객실당 2명이 정원입니다. 추가 투숙객에 대해서 50달러의 추가요금이 청구될 것입니다.

Q. 호텔에서 3명의 손님이 숙박할 경우 객실 요금은 얼마인가?

(A) $300   (B) $350   (C) $400   (D) $450

[정답] B

[해설] 먼저 객실 요금은 지문 끝부분에서 300달러로 확인된다. 그리고 맨 아래 별표(*)로 제시된 내용에서 이 프로모션은 객실당 2명이 정원이고, 추가 투숙객에 대해 50달러 추가요금이 청구될 것이라고(This promotion covers 2 guests per room. An extra charge of $50 will be placed for each additional guest) 했으므로, 총 3명이 투숙할 경우 객실 요금 300달러에 추가 인원 1인에 대해 50달러가 더 청구될 것임을 알 수 있다. (B) 350달러가 정답이다.

[어휘] complimentary 무료의 / access 접근, 이용 / available 이용가능한 / beverage 음료 / room rate 객실요금 / charge 부과, 요금 / additional 추가적인

[실전문제유형6] 날짜를 묻는 문제

[문제유형] What happened on August in Brazil?

[문제해법] 지문에 나타난 날짜를 찾아 그 앞뒤 관계를 읽는다.

> A survey was conduced to research on each region's preference over certain men's clothing and to use the results as a marketing planning strategy. The research started **on July 20 and ended on August 20** in major malls in North, South, West, and East regions of Brazil. The results show findings customer preferences for certain brands over others.

Q. What happened on August 20 in Brazil?

A. A study regarding customer preferences ended.

[해석] 각 지역의 특정 남성복에 대한 선호도를 조사해 그 결과를 마케팅 계획 전략에 이용하기 위한 조사가 시행되었다. 그 조사는 브라질의 동서남북 지역의 쇼핑몰들에서 7월20일에 시작해 8월 20일에 종료되었다. 그 결과는 다른 브랜드에 비교한 특정 브랜드들에 대한 고객 선호도에 관한 결과들을 보여준다.

Q. 8월 20일 브라질에서 무슨 일이 있었는가?

A. 고객 선호도에 관한 연구가 종료되었다.

[해설] started on July 20 and ended on August 20 뒤에 나오는 The results show findings customer preferences for certain brands over others.에서 답을 찾는다.

[어휘] strategy 전략 / regions 지역 / preferences 선호도

[실전문제유형7] 구인광고(Job Advertisement)를 묻는 문제

[문제해법] 구인광고는 어떤 자리가 공석(opening)으로 나왔는지를 밝힌 후, 이에 대한 자격 요건(qualifications) 및 직무(duties)가 열거된다. 마무리는 이력서(resume), 자기소개서(cover letter), 추천서(a letter of recommendation) 제출 등의 지원 방법을 알려준다.

Questions refer to the following advertisement

POSITION NOW AVAILABLE

Edward Regency Hotel

At the Edward Regency Hotel, we are currently looking for two members for our housekeeping staff. The selected applications will start the job on May 20. **A minium of two years of housekeeping experience is required.** but additional training equipment is also an asset. Candidates should be willing to work some weekend shifts. We offer good salaries with a generous benefits package. Employees are provided two weeks of annual vacation and receive insurance coverage. **To apply for a position, drop off a copy of your resume at the hotel's administrative office,** located at 443 29th Avenue. Only selected candidates will be contacted for interviews, which will take place on May 16.

[Q1] What tye of job is being advertised?

[A1] Cleaning staff

[Q2] What is requirement of the position?

[A2] Previous work experience

[Q3] How can applicants apply for the job?

[A3] By submitting a resume

현재 지원 가능한 자리: 에드워드 리젠시 호텔

에드워드 리젠시 호텔에서 현재 시설 관리 직원 두 명을 찾고 있습니다. 선택된 지원자들은 5월 20일에 그 일을 시작할 것입니다. 최소 2년의 시설 관리 경력이 요구되지만, 추가 교육이 제공될 것입니다. 청소 장비에 대한 지식 역시 자산이 됩니다. 지원자들은 주말 교대에도 기꺼이 일해야 합니다. 우리는 후한 복리후생 제도와 함께 넉넉한 급여를 제공합니다. 직원들은 2주일의 연차 휴가를 받고, 보험의 보상도 받게 됩니다.

자리에 지원하기 위해서는, 이력서를 29번가의 443번지에 있는 호텔의 행정실에 갖다 놓으세요. 선정된 지원자들만이 5월 16일에 있을 면접을 위해 연락받을 것입니다.

[Q1] 광고되고 있는 직업의 종류는?

[A1] 청소직원

[Q2] 자리의 요구 조건은?

[A2] 이전 경력

[Q3] 지원자들이 일자리에 지원할 방법은?

[A3] 이력서를 제출해서

[해설]

직업의 종류를 묻는 문제 : 광고하는 있는 일자리(직위) 앞부분에 나온다.

At the Edward Regency Hotel, we are currently looking for two members for our housekeeping staff.

해당 일자리(직위) 자격요건이나 직무, 복지혜택을 묻는 문제: 설명 중간에서 답을 찾는다.

A minium of two years of housekeeping experience is required.

일자리 (직위)에 대한 지원 방법을 묻는 문제: 마지막 부분 appy for~ 에서 단서를 찾는다.

To apply for a position, drop off a copy of your resume at the hotel's administrative office

패러프레이징(바꿔 말하기) 같은 품사와 뜻을 가진 동의어로 바꿔 쓰는 것을 이해해야 한다. Q1 housekeeping staff를 cleaning staff로 바꿔 쓰고 있다. Q2. A minium of two years을 Previous work experience로 바꿔 쓰고 있다. Q3. drop off a copy of your resume을 By submitting a resume로 바꿔 말하고 있다.

[어휘] currently 현재 / **applicant** 지원자 / shift 교대 / **benefits package** 복리후생제도 / insurance coverage 보험 / **apply for** ~을 지원하다 / drop off ~을 갖다 놓다 / candidate 후보자 / administrative 행정의 / take place 발생하다

[실전문제유형8] 동의어 찾기 문제

[문제해법] 보기의 단어를 본문에 대입해보고 가장 의미가 유사한 단어를 고른다. 경우에 따라
제시된 단어를 알고 선택지에 나오는 단어만 알고 있으면 정답을 쉽게 찾을 수 있다.

Questions refer to following e-mail discussion

Diatsu Promises 12 Million in Sales

by Steven Mercer, Business Reporter

Diatsu Motors announced yesterday its plan to sell 12 million vehicles in the upcoming
year, a number **well** above the auto industry record of the past 20 years. At the Tokyo
press conference Diatsu President Akira Yamashika said that achieving this objdective
will be a major top for Diatsu on the way to becoming the world's top automobile
manufacturer and beating American Standard Auto, Diatsu's major international
competitor.

Q. The word "well" in paragraph 1, line 2, is closest in meaning to

    (A) cool   (B) out   (C) way   (D) good

Diatsu 1,200만대 판매 약속

비즈니스 기자, Steven Mercer

Diatsu Motors는 어제 다가온 해에 지난 20년간 자동차 업계 기록을 훨씬 웃도는 수인 1,200만 대의 차량 판매 계획을 발표했다. 도쿄 기자 회견에서 Diatsu의 회장인 Akira Yamashika는 이 목표를 달성하는 것은 Diatsu가 세계 최고의 자동차 제조업체가 되고 Diatsu의 주요 해외 경쟁 업체인 American Standard Auto를 능가하는 길에 있어 중요한 단계가 될 것이라고 말했다.

Q. 첫 번째 단락, 두 번째 줄의 단어 well과 그 의미가 가장 유사한 것은?

   (A) 시원한   (B) 밖   (C) 훨씬   (D) 좋은

[정답] C

[해설] 지난 20년간 자동차 업계 기록을 훨씬 웃도는 수라고 해석된다. 강조 표현에 해당하는 "훨씬", "상당히"와 그 의미가 비슷한 way(훨씬)이다. 이때 way는 부사이다.

[어휘] announce 발표하다 / auto industry 자동차산업 / beat 이기다 / competitor 경쟁업자

[실전문제유형9] 의도 파악문제

[문제해법] 대부분의 경우 바로 앞에서 상대방이 언급한 내용에서 답을 찾는다.

Questions refer to the following online chat

John Huntsaker [1:35 P.M]

Hi, It is John in Los Angeles. **I think I left my consumer report on my desk. I need it for my presentation tomorrow. Can you do me a favor?**

Emma Watson

Sure thing. I will scan it and send it to you by-email. What is your e-mail address?

John Huntsaker [1:38 P.M]

It is hunt@namsys.com. Thank you very much.

Q. At 1:37., what does Ms. Watson most likely mean when she writes, "Sure thing"?

(A) She will help Mr. Huntsaker.

(B) She will make a presentation.

(C) She is sure about where the document is.

(D) She is very good at scanning.

John Huntsaker [1:35 P.M]

안녕하세요. Los Angeles의 John이에요. 제 소비자 보고서를 책상 위에 두고 온 것 같아요. 내일 발표에 그게 필요한데요. 부탁 좀 들어줄 수 있나요?

Emma Watson

물론이죠. 제가 스캔해서 이메일로 보내드릴게요. 이메일 주소가 뭐죠?

John Huntsaker [1:38 P.M]

It is hunt@namsys.com. 정말 고마워요.

Q. 오후 1:37에 Watson 씨가 "Sure thing"이라고 쓴 것은 어떤 의미일 법한가?

(A) 그녀는 Mr. Huntsaker 씨를 도와줄 것이다

(B) 그녀는 발표를 할 것이다

(C) 그녀는 서류가 어디에 있는지 안다.

(D) 그녀는 스캔을 아주 잘한다.

[정답] A

[해설] 의도 파악문제는 앞뒤 사람의 말이 정답을 찾는 단서가 된다. Watson 씨가 "Sure thing"이라고 한 것은 Huntsaker 씨가 소비자 보고서를 책상에 두고 왔는데 내일 필요하다며 도와줄 수 있는 지 묻는 말에 대한 응답으로, 물론 도움을 줄 수 있다고 답한 것이므로 정답은 Mr. Huntsaker 씨를 도와줄 것이다.가 정답이다.

[어휘] consumer 소비자 / sure thing 물론이죠

[실전문제유형10] 추론 문제

[문제해법] [아마~일 것 같은 것은 무엇인가?] 와 같이 [infer, imply, expect, suggest, indicate] 등을 통해 답을 찾는 문제 유형이다. 내용에 의존하지 말고 반드시 지문에서 단서를 찾아 내용을 유추해야 한다.

Questions refer to the following article

Please join us for Personal Manager Valerie Wiley's retirement dinner on August 13. All employees are invited, and it will be a great opportunity for everyone to meet Travis Harding. Mr. Harding will be in charge of all personnel and administrative employees after the departments are combined next month.

Q. What does the notice imply about the company?

    (A) It is moving to new location

    (B) It currently has a job opening.

    (C) It has recently hired Valerie Wiley.

    (D) It plans to restructure its departments.

인사팀 부장인 발레리 와일리 씨의 8월 13일 은퇴 기념식에 함께해 주십시오. 모든 직원이 초대되며, 모두에게 트래비스 하딩씨를 만나게 될 좋은 기회가 될 것입니다. 하딩씨는 **다음 달에 부서들이 통합되고 난 후 모든 인사팀과 행정팀 직원들을 맡을 것입니다.**

Q. 공지가 회사에 대해 암시하는 것은?
   (A) 새로운 지점으로 옮겨갈 것이다
   (B) 현재 공석이 있다.
   (C) 최근에 바레리 와일리 씨를 고용했다.
   (D) 부서들을 구조조정할 계획이다.

[정답] D

[해설] 마지막 문장 단서에 부서들이 다음 달에 통합이 된다는 내용이 있으므로 부서에 일종의 구조조정이 있음을 시사한다. 정답은 부서들을 구조 조정할 계획이다.

[어휘] retirement dinner 은퇴 기념식 / opportunity 기회 / in charge of ~을 맡는 / combine 통합하다 / administrative 행정의

[실전문제유형 11] 연계문제 유형 문제

[문제해법] 선택해야 할 정보 4가지가 주어지고 정보는 반드시 다른 지문에서 제공한다.

Questions refer to the following advisetment

Brand(브랜드)	Texture(질감)	Durability(지속성)	Brightness(빛남)
NUV Cosmetics	cream	lasts for 6 hours	strong / shimmer added
Desires	powder	lasts for 8 hours	medium
Belle & Chic	power	lasts for 12 hours	medium
Marina Makeup	cream	lasts for 5 hours	very strong / shimmer

... During the humid and hot climate in summer, it is best use power-type eye shadows to prevent it from coming off. Cream-types are more likely to be removed by sweat. Also, it should last at least 12 hours. ....

Martha Jones

Q. Which product would Dr. Jones recommend to her patients?

(A) NUV Cosmetics

(B) Desire

(C) Belle & Chic

(D) Marina Makeup

덥고 습한 여름 중에는, 흘러내리는 것을 방지 하기 위해서 파우더 타입의 아이새도우를 쓰는 것이 제일 좋습니다. 크림형은 땀에 더 잘 지워질 가능성이 큽니다. 또한, 최소 12시간은 지속하여야 합니다.

Martha Jones

Q. Jones 의사는 자신의 환자들에게 어떤 제품을 추천하겠는가?
  (A) NUV Cosmetics
  (B) Desire
  (C) Belle & Chic
  (D) Marina Makeup

C

두 번째 지문에서 아이새도우는 파우더 타입이 좋고 최소 12시간이 지속하여야 한다고 제시된 내용이 단서이다. 첫 번째 지문에서 이 두 조건을 만족시키는 상품은 Belle & Chic 브랜드임을 알 수 있으므로 정답은 Belle & Chic이다.

humid 습한 / prevent 예방하다 / come off 흘러내리다 / sweat 땀

[실전문제유형12] 이중지문에서 하나의 대상이 두 지문에 언급되는 문제

[문제해법] 하나의 대상이 두 지문(삼중지문의 경우 셋 중 두 개의 지문)에 언급되면 그 대상을 매개로 연계문제가 출제된다. 하나의 대상이 두 가지 정보를 가지고 있는 문제가 연계문제이다.

"The City Council's pledge was to grant tax benefits for any landlords that attract a certain number of new businesses to the city" In reality, a number of the businesses that have rented space are new to the area, according to lgor Roginsky, KINEX rental manager in close association with the city council.

Dear Mr. Roginsky

And as far as I remember, there are some grat benefits available for businesses like me. I own Pierre Canuel store in Baltimore and now would like to move to a different city where someone I can get to lives, which is basically why I'm considering KINEX building.

Q. What benefits can Mr. Canuel most likely expect?

A. Lower tax

"시의회의 공약은 일정 수의 새 기업들을 시 안으로 끌어들이는 건물주에게는 상당한 세금 혜택을 부여한다는 것이었습니다." 시의회와 긴밀한 관계에 있는 KINEX의 임대 관리자 Igor Roginsky에 따르면 실제로 자리를 임대한 수많은 사업이 전부 이제 막 그 지역에 들어선 것이라 합니다.

Roginsky씨께.
그리고 제가 기억하기로는, 저와 같은 사업자들을 위한 큰 혜택이 있다고 알고 있습니다. 제가 Valtimore에서 Pierre Canuel 매장을 운영하고 있는데 이제는 제가 찾아갈 수 있는 이가 살고 있는 다른 도시로 이사하고 싶습니다. 그게 기본적으로 제가 KINEX 건물을 고려하고 있는 이유 입니다.

Q. Canuel 씨에게 예상할 수 있는 혜택은 무엇인가?

A. 낮은 세금

[해설] 첫 번째 지문에서는 KINEX 건물의 세입자들에게 세금 혜택을 줄리라는 것을 암시하고 있고 두 번째 지문에서는 Canuel 씨가 KINEX 건물 내의 공간을 임대할 것을 고려하고 있다는 내용으로 보아 KINEX 씨는 세금 혜택을 받을 것을 알 수 있다. KINEX라는 정보가 세금 혜택과 Canuel씨를 연결하고 있다.

[어휘] grant 인정하다 / landlord 건물주 / in reality 실제로 / in close association with ~와 긴밀한 관계에 있는 / lease 임대

[실전문제유형13] 숫자를 묻는 문제

[문제해법] 문제에서 제시하는 숫자를 찾는다. 그리고 첨가(additional)나 감소(reduce) 단어가 있는지 살펴보고 답을 정한다.

Questions refer to the following advertisement

At the moment, I believe we have **12 rooms** reserved for two nights (Friday and Saturday). I need you to contact Maria at Green Acres and reserve **two additional double** rooms for the same dates.

Q. How many rooms will probably be reserved for Friday?

　　(A) 12　　　(B) 13　　　(C) 14　　　(D) 15

[해석]

　　현재 우리가 2박(금요일과 토요일)을 묵기위해 12개를 예약한 것으로 알고 있습니다. Green Acres의 Maria에게 연락을 취해서 추가로 2개의 더블룸을 같은 날짜로 예약해 주세요.

　　Q. 금요일에 아마도 몇 개의 방이 예약될 것인가?

　　　　(A) 12　　　(B) 13　　　(C) 14　　　(D) 15

[정답] C

[해설] 12개의 방 예약에 추가로 2개의 더블룸 14개가 정답이다.

[어휘] reserve 예약하다 / probably 아마도

[실전문제풀이14] 추론 문제

[문제해법] 추론은 하나의 지문을 보고 다른 지문과 연계해서 생각해야한다.

08:30~09:30	Opening breakfast and assignment of groups
09:30~10:30	Official opening ceremony
10:30~12:00	**Information session regarding the current China market status and opportunities available by Donald Tompson**
12:00~13:30	Lunch and time allowed to create a line of personal contacts
13:30~17:00	Lecture on ways of financing the investment and the importance of dash flow in real estate business by Donna Hue
17:00~18:30	Investment planning workshop in assigned groups

There has been a change to the schedule. **The information session will now be given by Daniel Wang. Donald Tonson will have to leave right after the opening ceremony.** Mr. Tomson sends his deepest regret but is honored by the news that Governor Wang is able to replace him.

Q. What can be inferred about Donald Tompson?

  (A) He will prepare lunch

  (B) He will lead the information session

  (C) He will leave after 10:30

  (D) He is not able to attach the event

08:30~09:30	개막 아침식사와 그룹 배정
09:30~10:30	공식 개막식
10:30~12:00	Donald Tomson씨가 이끄는 현 중국의 시장상황 및 이용 가능한 기회에 대한 설명회
12:00~13:30	점심과 개인적인 인맥을 만들 수 있는 시간
13:30~17:00	Donna Hue가 이끄는 투자자금 융통 방안들과 부동산 사업에 있어 현금유통의 중요성에 대한 강연
17:00~18:30	배정된 그룹에서 진행되는 투자계획 워크숍

일정 또한 변경이 있었습니다. 설명회가 이제 Daniel Wang에 의해 진행될 것입니다. Donald Tomson은 개막식 직후에 떠나야 할 것입니다. Tomson씨는 깊은 유감을 전했지만, Wang 운영위원장이 그를 대신할 수 있다는 소식에 영광스럽다고 합니다.

Q. Donald Tompson에 관해 추론할 수 있는 것은?

   (A) 점심을 준비할 것이다

   (B) 설명회를 진행할 것이다

   (C) 10:30 이후에 떠날 것이다

   (D) 행사에 참석할 수 없다

[정답] C

[해설] 지문에 모두 제시된 Donald Tomson씨에 관한 정보를 통해 정답을 찾아야 한다. 지문에 Donald Tomson씨가 개막식 직후 떠나야 할 것이라고 (Donald Tonson will have to leave right after the opening ceremony) 언급이 되어있는데, 지문 위에서 개막식 시간은 10:30까지로 확인된다. 정답은 10:30 이후에 떠날 것이다.

[어휘] **assignment** 배정 / **opening ceremony** 개막식 / **status** 상태 / **financing** 자금조달 / **real estate** 부동산 / **replace** 대신하다 / **governor** 운영위원

[실전문제풀이15] 연계문제

[문제해법] 기존 정보를 뒤에 있는 지문에서 변경한다. 두 지문을 동시에 파악할 수 있어야 한다.

Order placed: March23		Order No: 098345
Item	**Quantity**	**Item number**
Chocolate cookies	15	#RO187
Strawberry cookies	20	#AO157
Milky banana drink	25	#KO128
Organic apple juice	**10**	**#DD195**

We are sorry you did not receive your package as promptly as you expected. We experienced an unusually large number of orders, which disrupted our normal deliverly schedule. While your order is being prepared for dispatched, to serve you beter and faster, we need further information about your preferred method of delivery. **Also, for your information, one of the items is currently out of stock(item number "DD195" on the shipment status log) and it will not be delivered to the warehouse until next week.**

Q. What is NOT available for delivery at the moment?

(A) Chocolate cookies

(B) Strawberry cookies

(C) Milky banana drink

(D) Organic apple juice

Order placed: March23		Order No: 098345
Item	Quantity	Item number
Chocolate cookies	15	#RO187
Strawberry cookies	20	#AO157
Milky banana drink	25	#KO128
Organic apple juice	**10**	**#DD195**

기대하신 대로 신속하게 소포를 받지 못하셨다니 죄송합니다. 저희는 평소와 달리 주문량이 많아, 정상 배달 일정에 차질이 생겼습니다. 귀하의 주문이 발송 준비되는 동안, 더 좋고 빠른 서비스를 제공하기 위해, 선호하시는 배달 방법에 관한 추가 정보가 필요합니다. **또한, 참고로 현재 제품들 중 하나가 품절상태이고(배송 상태 기록상 제품번호 "#DD195") 다음 주까지는 창고로 배달되지 않을 것입니다.**

Q. 바로 지금 배달을 이용할 수 없는 것은?

　(A) 초콜렛 쿠키　　(B) 딸기 쿠키　　(C) 바나나 우유　　(D) 유기농 사과 주스

[정답]　D

[해설]　기존정보를 뒤에 있는 지문에서 변경하면 연계문제이다. 두 번째 지문에서 현재 제품들 중 하나가 품절상태라며 그 제품번호가 "DD195"임을 알려주고 있다. 이를 바탕으로 첫 번째 지문에서 이 제품을 찾아보면 해당 제품은 유기농 사과 주스 (Organic apple juice)로 확인된다.

[어휘]　promptly 즉시　/　disrupt 지장을 주다　/　dispatch 발송　/　out of stock 품절 warehouse 창고　/　status 상태　/　at the moment 바로 지금

[실전문제풀이16] 패러프레이징(바꿔 말하기) 문제

[문제해법] 보통 지문에 나왔던 단어, 구, 문장 등을 같은 의미의 다른 표현을 이용해서 바꿔 표현한다.

바꾸어 표현하기(패러프레이징)		
recommend (추천하다)	→	suggest (추천하다)
outlets (소매점)	→	branches (지점)
get permission (허가를 받다)	→	obtain (승인을 받다)
available (구매할 수 있는)	→	able to purchase (구매할 수 있는)
contract (계약서)	→	agreement (계약서)
modifed (수정된)	→	revised (수정된)
electricial sockets (전기 콘센트)	→	outlets (콘센트)
forward (전달하다)	→	share (공유하다)
plans for holidays (휴일계획)	→	vacation days (휴일)
student identity card (학생증)	→	a piece of ID (신분증)
workout (운동)	→	exercise (운동)
increase (상승하다)	→	have soared (급등했다)
nominated (후보자로 추천했다)	→	was recommended (추천되었다)
the regular charge (일반요금)	→	a standard fee (표준요금)
a train station (기차역)	→	a transporation (정류장)
renovation work (개조작업)	→	refurbish (개조하다)
lead (이끌다)	→	supervises (지휘하다)
returning (돌려주는)	→	get ~back (돌려주다)
submitting a form (신청서 제출하기)	→	hand in a completed document (작성한 서류 제출)
place bulk orders (대량 주문하다)	→	purchased in bulk (대량 구매하다)
sign a contract (계약을 맺다)	→	agree to secure the service (서비스를 확보하는 데 동의하다)
open a chat dialogue (채팅을 시작하다)	→	start all online discussion (온라인 상담을 시작하다)

Questions refer to the following article

Dear Mr. Marshall

I have made all of the necessary **arrangements** for your trip to Milan next month. You will depart from London on July 18 and **catch a connecting flight** in Paris to go to Milan. Your return flight is booked for July 24. When you arrive in Milan, please go to platform 7 to take a taxi to the hotel, Euro Suites. To check I, simply **show your passport.** I have attached the itinerary and receipt for your records. Should you need to cancel your trip, the payment will be refunded to your credit card. Thank you for being an Epic Travel customer.

Q1. What is true about the **preparations** for Mr. Marshall's trip?

(A) He has a one-way ticket

(B) He is renting a car in Milan

(C) He has a stopover in Paris

(D) He booked a direct flight

Q2. What should Mr. Marshall present in order to check in?

(A) A confirmation code

(B) A travel document

(C) A hotel receipt

(D) A credit card

마셜 씨께

제가 다음 달 밀라노로 가는 귀하의 여행에 필요한 준비들을 해놓았습니다. 7월 18일 런던을 출발할 것이고, 파리에서 밀라노로 가는 연결 항공편을 타시게 될 겁니다. 되돌아오는 항공편은 7월 24일로 예약되어 있습니다. 밀라노에 도착하시면, 7번 플랫폼으로 가서 택시를 타고 유로 스위트호텔로 가십시오. 체크인하기 위해서는 귀하의 여권만 보여주면 됩니다. 기록을 위해서 일정표와 영수증을 첨부했습니다. 만약 여행을 취소하시면, 지급 금액은 귀하의 신용카드로 환급될 겁니다. 에핑여행사의 고객이 되어 주셔서 감사합니다.

Q1. 마셜 씨의 여행 준비들에 관해 사실인 것은?
   (A) 편도 티켓을 가지고 있다
   (B) 밀라노에서 차를 빌릴 것이다
   (C) 파리에서 경유를 할 것이다
   (D) 항공편을 예약했다.

Q2. 마셜 씨가 체크인하기 위해서 제시해야 할 것은?
   (A) 확인코드
   (B) 여행서류
   (C) 호텔영수증
   (D) 신용카드

[정답] Q1. A / Q2. B

[해설] 지문 arrangements(준비)가 문제에서는 preparations(준비)로 catch a connecting flight (연결 항공편)이 선택지에서 stopover(경유)라고 패러프레이징 되었다. 지문에서는 보여주다 (show)가 선택지에서 present (제시하다)로 지문 passport (여권)은 a travel document(여행서류)로 패러프레이징 되었다.

[어휘] one-way 편도의 / stopover (비행기) 경유 / direct 직항편

[실전문제풀이17] 기사문 문제

[문제해법] 시간의 순서에 따라 처음, 중간, 마지막 부분을 보고 문제를 푼다.

Questions refer to the following the article

On July 8, International property developer Ingram Properties will begin construction on a shopping mall located in Calgary. **In a press release given yesterday, the company said the facility will contain units for 200 retails, parking facilities, and 20 restaurants. Work will last for three years at a cost of $380 million.** Ingram will provide nearly 60 percent of the funding, while the city will provide the rest as an investment. The company chose to build the mail to offer residents a convenient shopping venue. **Ingram Properties also plans to add an upscale hotel to the mall in the future.** However, that project would not begin for at least four years.

[Q1]　What does the company plan to do?

[Q2]　How long will the construction project last?

[Q3]　What will Ingram Construction most likely do in the future?

7월 8일에 국제 부동산 개발사인 인그램 부동산이 캘커리에 위치한 쇼핑몰 건축을 시작한다. 어제 있었던 언론 발표에서, 회사는 이 시설이 200개의 소매업체, 주차시설, 그리고 20개의 레스토랑 구역을 포함할 것이라고 말했다. 작업은 3억 8천 달러의 비용으로 3년 동안 지속될 것이다. 인그램은 자금의 거의 60 퍼센트를 제공하며 동시에, 시에서 투자자로서 나머지를 제공할 것이다. 회사는 거주자들에게 편리한 쇼핑 장소를 제공하기 위해 몰을 건축하기로 선택했다.

인그램 부동산은 또한 몰에 고급 호텔을 나중에 추가할 계획이다. 그러나 그 프로젝트는 최소 4년 동안은 시작하지 않을 것이다.

[Q1] 회사가 계획하는 것은?

[Q2] 건설 프로젝트는 얼마 동안 지속하였나?

[Q3] 인그램 건설이 미래에 할 것 같은 일은?

[정답] Q1. Construct a retail facility. (소매 시설 찾기)

Q2. Four three years. (3년간)

Q3. Construct a luxury hotel (고급 호텔 건축하기)

[해설] Q1. In a press release(언론 발표에서) 정보의 출처를 알려준다.

Q2. 기간을 물어보았기 때문에 두 번째 문장에서 기간을 찾는다.

Q3. 기사 마지막 부분에 plan, further, details, additional information 등을 잘 봐야 하고, plan to를 이용하여 호텔을 추가 계획임을 밝히고 있다.

[어휘] release 언론 발표 / facility 시설 / retailer 소매업자 / convenient 편리한 / venue 장소 / upscale 평균 이상의 / investment 투자 / resident 거주자 / funding 자금 / construction 건설

[실전문제풀이18] 이중지문 연계지문 문제

[문제해결] 수신자(발신자) 관계를 파악하고, 정확한 주제와 목적을 파악한다, 그리고 두 번째 Letter와 연계성을 파악한다.

Questions refer to the following letter

To: Metro Realty [info@metro-realty.net]

From: Diane Coleman [d.coleman@inbox4.com]

To whom it may concern.

I am interested in the office space for rent on the fourth floor of the Frederickson Building. The location is so convenient because it's within walking distance to the subway. I also like the fact that there are many restaurants in the area, which would be great for our staff.

However, there are two different pieces of information detailing the moving-in dates of this space. One is the information in the local newspaper, which said it is available from April 5. The other is that on your Web site, which said the moving-in date id April 28.

Please let me know the correct date. Also, I would like to schedule a time to view the office space. You can reply to this message or call my office at 555-2040 anytime before 6 P.M. today.

Regards Diane Coleman

To: Diane Coleman [d.coleman@inbox4.com]
From: Metro Realty [info@metro-realty.net]

Dear Ms. Coleman.

Thank you for pointing out the error. Actually, we hadn't noticed that two different dates had been listed.

The moving-in date printed in the newspaper is correct. I hope that will work out for your business.

I've attached a brochure to this e-mail that has lots of pictures of the office. As you can see, it is quite spacious.
I can give you a tour on Tuesday afternoon at 3 P.M. If you're busy then, just let me know and I'll try to rearrange my schedule.
Sincerely

Fried Logan
Real Estate Agent, Metro Realty

Q. Where can an error be found?

   (A) In a previous e-mail

   (B) In a newspaper listing

   (C) On s Web site

   (D) In a company brochure

[해석]

관련 담당자 분께

저는 프렉드리슨 빌딩의 4층 임대용 사무실 공간에 관심이 있습니다. 그곳은 지하철에서 도보 거리 내에 있어서 위치가 너무나 편리합니다. 또한, 그 지역에 많은 식당이 있다는 사실도 마음에 듭니다. 그곳은 우리 직원들에게 아주 좋을 것 같습니다.

그러나 이 공간에 이사 들어가는 날짜가 나타난 두 가지의 다른 정보가 있더군요. 하나는 지역 신문에 있는 것인데, 거기에는 4월 5일부터 이용 가능할 것이라고 나와 있습니다. 다른 것은 귀사의 웹사이트의 것인데, 거기에는 이사 들어가는 날짜가 4월 28일로 나와 있습니다. 올바른 날짜를 알려주세요. 또한, 저는 사무실 공간을 구경할 시간을 정하고 싶습니다.
이 메시지에 답장을 보내주시거나 제 사무실 555-2042번으로 오늘 오후 6시 전 아무 때나 전화해 주세요.

다이앤 콜맨 드림

콜맨 씨에게

오류를 지적해 주셔서 감사합니다. 사실 저희는 두 개의 다른 날짜가 기재되었다는 걸 알아차리지 못했습니다. **신문에 인쇄된 이사 들어가는 날짜가 올바른 것입니다.** 그 날짜가 당신 회사를 위해 좋은 것이기를 바랍니다.

제가 이 이메일에 그 사무실의 사진이 많이 들어있는 안내 책자를 첨부했습니다. 보시다시피 공간이 꽤 넓습니다. 제가 화요일 오후 3시에 당신이 둘러보실 수 있게 해드릴 수 있습니다. 만약 그때 바쁘시다면, 저에게 알려만 주세요. 제 일정을 재조정해보도록 하겠습니다.

메트로 부동산, 부동산 중개인 프래드 로건 드림

Q. 오류가 발견될 수 있는 곳은?

     (A) 이전 이메일

     (B) 신문 목록

     (C) 웹사이트

     (D) 회사 안내 책자

[정답] C

[해설] 수신 : 메트로 부동산

          발신: 다이앤 클맨

     발산 : 다이앤 클맨

          수신: 메트로 부동산

정확한 주제와 목적파악 : 첫 지문 두괄식에서 답을 찾는다.

프레드릭슨 빌딩의 4층 임대용 사무실 공간에 관심이 있습니다. "올바른 정보를 알려 주세요. 또한, 사무실 공간을 구경할 시간을 정하고 싶습니다."

두 지문의 연계성 파악 : 첫 지문과 두 번째 지문에서 관련된 부분을 살펴본다.

신문에 인쇄된 이사 들어가는 날짜가 올바른 것입니다. "제가 화요일 오후 3시에 당신이 둘러보실 수 있게 해드릴 수 있습니다."

[핵심요점] **첫 번째 지문 E-mail (관심 표명과 문의 사항)** "임대용 사무실에 관심이 있습니다. 신문과 웹사이트에 날짜에 대한 서로 다른 정보가 있습니다." + **두 번째 지문 E-mail (문의사항 해결과 관심에 대한 응대)** 화요일 오후 3시에 볼 수 있습니다. "신문의 날짜가 올바른 것입니다."

[어휘] **be interested in** ~에 관심이 있다 / **convenient** 편리한 / within walking distance 도보 거리 내에 / **detail** 구체화하다 / **moving-in date** 이사 들어가는 날짜 / local newspaper 지역 신문 / **available** 이용할 수 있는 / **correct** 올바른 / view 구경하다 / reply ~에 응답하다 / point out 지적하다 / notice 알아채다 / work out 좋게 진행되다 / **attach** 첨부하다 / **brochure** 안내 책자 / spacious 공간이 넓은 / rearrange 재조정하다

[실전문제풀이19] 광고 연계지문 문제

[문제해법] 기존정보를 뒤에 있는 지문에서 변경하면 연계문제로 문제를 동시에 파악해야 한다.

CAMPING WORLD

For the outdoor life

Camping World is **the leading supplier of camping equipment in the area.** We carry the high-quality brands you trust. **Throughout the month of May. Camping World wants to help you get ready for summer great sales** like these.

> **Large family tents are 20% off**
>
> **All sleeping bags are 25% off**
>
> **All flashlights and lanterns are 30% off**

As a special promotion, we are giving away a free Camping World mug with purchases of $100 or more. We hope to see you at Camping World soon!

Greg Thurman's Store Review : CAMPING WORLD

Overall rating : 4/5

If you love spending time in nature, you'll definitely want to stop by Camping World **It has a large selection of equipment for camping and other outdoor activities. The prices are reasonable,** considering the high quality of the goods. Overall, I enjoyed my shopping experience there. However, when I spent $100 at the store. **I did not receive the item that was promised in the advertisement** because they had run out. Unfortunately, staff members weren't interested in resolving this problem.

Q. Why was the reviewer disappointed with the store?

(A) He was not given a free mug.

(B) The prices were too high.

(C) The store hours were inconvenient.

(D) The store ran out of flashlights.

캠핑월드

야외 활동을 위하여

캠핑월드는 이 지역의 캠핑 장비의 선두 공급업체입니다. 저희는 여러분이 신뢰하는 고급 상표들을 보유하고 있습니다. 5월 한 달 내내 캠핑월드는 다음과 같은 굉장한 할인들로 여러분들이 여름에 대비하실 수 있도록 도와드리고 싶습니다.

대형 가족용 텐트 20% 할인

모든 침낭 25% 할인

모든 손전등 및 랜턴 30% 할인

특별 판촉으로 **저희는 100달러 이상의 구매에 무료 캠핑월드 머그컵을 나눠드리고 있습니다.** 곧 여러분들을 캠핑월드에서 만날 수 있기를 희망합니다.

그렉서먼의 매장 평가 : 캠핑월드

종합 등급: 4/5

만약 여러분이 자연에서 시간을 보내시는 걸 좋아하신다면, 틀림없이 캠핑월드에 들르시길 원하실 겁니다. 그곳은 매우 다양한 종류의 캠핑과 다른 야외 활동 장비들을 보유하고 있습니다. 제품의 높은 질을 고려하면, 가격이 적절합니다. 종합적으로 저는 그곳에서 쇼핑하는 걸 즐겼습니다. 그러나 제가 **가게에서 100달러를 썼을 때, 저는 광고에서 약속했던 물건을 받지 못했습니다.** 그것들이 다 떨어졌기 때문이었습니다. 안타깝게도 직원들은 이 문제를 해결하는 데 관심이 없었습니다.

Q. 평가자가 가게에 대해 실망한 이유는?

(A) 무료 컵을 받지 못했다.

(B) 가격이 너무 비쌌다.

(C) 매장 시간이 불편했다.

(D) 가게에 손전등이 다 떨어졌다.

[정답] A

[해설] **광고 상품(서비스)파악 : 첫째 지문은 두괄식에서 정보를 찾는다.**

캠핑 장비의 선두 공급업체 5월 한 달 내내 캠핑월드는 굉장한 할인들로 여러분이 여름에 대비할 수 있도록 도와드리고 싶습니다.

광고 세부사항 주목 : 첫 번째 지문 마지막 부분에서 단서를 찾는다.

대형 가족용 텐트 20% 할인, 모든 침낭 25% 할인, 모든 손전등과 랜턴 30% 할인 특별 판촉으로 머그잔을 제공

장점, 단점, 기타 사항 : 두 번째 지문 마지막에서 단서를 찾는다.

그곳은 매우 다양한 종류의 캠핑과 다른 야외 활동 장비들을 보유하고 있습니다. ~가격이 저렴합니다. 광고에서 약속한 제품을 받지 못했습니다.

[핵심요점]

첫 번째 지문 : advertisement

제품(서비스) 소개와 특. 장점: "캠핑 장비의 선두 공급업체", "굉장한 할인 및 사은품 제공"

두 번째 지문 : review

제품서비스의 장단점: "다양한 종류의 캠핑 장비 보유", "광고에서 약속한 제품을 못 받았습니다." 그래서 무료 컵을 받지 못했다가 정답이다.

[어휘] outdoor 야외의 / supplier 공급업체 / **equipment** 장비 / sleeping bag 침낭 / flashlight 손전등 / lantern 랜턴 / give away 나눠주다 / review 평가 / overall 종합적으로 / **rating** 등급 / definitely 틀림없이 / stop by ~에 들르다 / a selection of 다양한 종류의 / **reasonable** 적절한 / **considering** ~을 고려하면 / promise 약속하다 / run out 다 떨어지다 / unfortunately 불행하게도

[실전문제풀이20] 삼중지문 문제

[문제풀이 해법] 이중 문제 풀이와 같게 접근하면 된다.

단일 지문을 보고 푸는 문제와 두 개의 지문을 연계해서 풀어야 하는 문제를 구분한다.

1. 각 지문의 주제나 목적 또는 대상을 묻는다.

    - What is the purpose of the e-mail?   [이메일의 목적은 무엇인가?]

    - What did Mr. Kim call .Mr. Brown?   [김씨는 왜 브라운 씨에게 전화했는가?]

    - What is being advertisement?   [광고되고 있는 것은 무엇인가?]

2. 각 지문의 세부 정보를 묻는다.

    - When did Ms. Kim take the class.   [김씨는 그 강의를 언제 수강했는가?]

    - Which products were misdelivered?   [무슨 물건들이 잘못 배송되었는가?]

    - What are they asked(require) to do?   [그들은 무엇을 하도록 요청(요구)하는가?]

3. 두 지문의 내용을 비교하거나 연계해서 추론하는 문제가 나온다.

    - What is NOT mentioned in the letter?   [편지에서 언급되지 않은 것은 무엇인가?]

    - What is most likely true about the class? [강의에 대해 사실인 것은 무엇이겠는가?]

    - What is implied about the policy?   [정책에 대해 암시된 것은 무엇인가?]

Questions 1~5 refer to the following Web page article and letter.

Quality Life by Sayer

Sayer Manufactures is placed to annoiunce that we will begin accepting applicants for the yearly Quality Life grants. Every year we give out four grants to projects that are dedicated to improving the well-being of communities and their residents. The award amounts are as follows:

- First Place : $50000
- Second Place : $45000
- Third Place : $40000
- Fourth Place : $35000

only non-profit organizations are eligible for these grants. Last year's winners include a community swimming program an elderly assistance program and a workshop serious on infant care.

Download the grant appication form at this link.

Philanthropy Corner

Quartz Gets Funding by Thomas Dunn

Hillview May 15- The Quartz Foundation based in Hillview was awarded $40000 through the Sayer Quality Grant Program to create a reading center. The center will provide an opportunity for children and teenagers residing in Hillview to increase their reading levels. Starting next month the foundation will provide dlasses on 20th century literature The foundation which also operates the Hillview Public Library is planning to donate a large number of fiction and nonfiction books to the center. The Quartz Foundatio9n was established 15 years ago in Hillview by group of ten local residents who wanted to increase the community's awareness of education.

To the Editor

I would like to call attention to an inaccuracy in Mr. Dunn's article in the May issue of Philanthropy Corner. Mr. Dunn wrote that Quartz was formed 15 years ago. Although Mr. Dunn's statement about Quartz's founders is correct Quartz was in fact established 25 years ago.

As a former contribution I am well aware that your maganize strives to publish insightful and trustworthy article and I understand that this error is a rare occurrence for your magazine

Sincerly,

Jamie Boyed President Quartz Foundation

1. What is the purpose of the Web page?

    (A) To publicize the opening of a medical center

    (B) To seek participants for a sports competition

    (C) To solicit applications for an award

    (D) To announce the finalists for a grant

2. What prize is the Quartz Foundation receive?

    (A) The first-place prize

    (B) The second-place prize

    (C) The third-place prize

    (D) The fourth-place prize

3. According to the article what will the grant enable the Quartz Foundation to do?

    (A) Build an new library

    (B) Conduct reserch on health

    (C) Offer educational opportunities

    (D) Improve working conditions of its employees

4. What does Ms. Boyed suggest about herself?

   (A) She is a former employee of Mr. Dunn.

   (B) She will be interviewed by a magazine writer

   (C) She helped established the Quartz Foundation

   (D) She has written for Philanthropy Coner before.

5. According to Ms. Boyed what is true about the Quartz Foundation in Mr. Dunn's article?

   (A) It plans to apply for an additional grant

   (B) It was founded by local residents.

   (C) It donates books to Hillview schools

   (D) It has cooking facilities.

[해석]

Quality Life by Sayer

Sayer 제조사는 연례 Quality Life 보조금을 받을 지원자들을 받기 시작할 것을 알리게 되어 기쁩니다. 매년 우리는 지역사회와 그 주민들의 복지를 향상하는데 전념하는 프로젝트들에 네 개의 보조금을 제공하는데 헌신해왔습니다.

-1등: 50000달러

-2등: 45000달러

-3등: 40000달러

-4등: 35000달러

비영리 기관들만이 이 보조금을 받을 수 있는 자격이 됩니다. 지난해의 수상자들은 지역 수영 프로그램 어르신들의 지원 프로그램 및 영 유아 보육에 대한 워크숍 강좌들을 포함합니다. 이 링크에서 보조금 신청서를 다운로드 해주세요.

[Philanthropy Corner]

Quartz가 재정지원을 받다.

Thomas Dunn

Hillview 5월 15일 Hillview에 본사를 둔 Quartz 재단은 독서센터를 만들기 위해 Sayer Life 보조금 프로그램을 통해 4만 달러를 수여 받았다. 센터는 Hillview에 거주하는 아이들과 10대들의 독서수준을 높이기 위한 기회를 제공할 것이다. 다음 달부터 재단은 20세기 문학에 대한 강좌들을 제공할 것이다. Hillview 공공도서관을 운영하는 그 재단은 센터에 상당량의 소설과 비소설 도서를 기부할 계획이다.

Quartz 재단은 교육에 대한 지역 사회의 인식을 높이고자 했던 10명의 지역주민에 의해 15년 전에 Hillview에 설립되었다.

편집자분께

<Philanthropy Corner> 5월호에 실린 Dunn씨의 기사에 오류가 있어 알려드리고자 합니다. Dunn씨는 Quartz가 15년 전에 구성되었다고 기술했습니다. Quartz의 설립자들에 관한 Dunn씨의 진술이 맞기는 하나 Quartz는 사실 25년 전 설립되었습니다. 전(前)기고가로서 귀사의 잡지가 통찰력이 있고 신뢰할 수 있는 기사들을 출간하려고 애쓴다는 점은 잘 알고 있으며 귀사의 잡지에는 이러한 오류가 드문 일이라는 걸 이해하고 있습니다.

진심으로,

Jamie Boyed Qyartz 재단대표

1. 웹페이지의 목적은 무엇인가?

   (A) 의료원의 개원을 알리기 위해

   (B) 스포츠대회 참가자들을 찾기 위해

   (C) 상금을 위한 신청을 요청하기 위해

   (D) 보조금의 최종 후보자들을 발표하기 위해

[정답] C

[해설] 목적을 묻는 문제는 문장 앞에 정답이 있다. 첫째 지문에서 알 수 있다.

2. Quartz 재단은 어떤 상을 받았는가?

   (A) 1등상

   (B) 2등상

   (C) 3등상

   (D) 4등상

[정답] C

[해설] 숫자를 물어보는 문제는 숫자가 있는 부분을 잘 살펴본다.

3. 기사에 따르면 보조금은 Quartz 재단이 무엇을 할 수 있게 해줄 것인가?

    (A) 새 도서관 건립

    (B) 건강에 대한 연구수행

    (C) 교육기회 제공

    (D) 직원들의 근무조건 개선

[정답] C

[해설] 두 번째 지문에 제목으로 Quartz가 재정지원을 받는 내용이 있다.

4. Boyed씨가 자기 자신에 대해 내비치는 것은 무엇인가.?

    (A) Dunn씨의 전(前) 직원이다

    (B) 잡지기자의 인터뷰를 받을 것이다.

    (C) Quartz 재단 설립을 도왔다.

    (D) 이전에 Philanthropy Corner에 글을 썼다.

[정답] D

[해설] 세 번째 지문이 Boyed씨에 대한 이야기이다. former contribution 라고 말해준다.

5. Boyed 씨에 따르면 Dunn 씨의 기사에서 Quartz 재단에 관하여 사실인것은 무엇인가?

    (A) 추가보조금을 신청할 계획이다

    (B) 지역주민들에 의해 설립되었다.

    (C) Hillview 학교들에 도서를 기부할 것이다.

    (D) 취사 시설이 되어있다.

[정답] B

[해설] 연계문제이다. Boyed 씨가 세 번째 지문 첫 번째 단락에서 Dunn 씨 기사의 오류를 지적 하겠다고 말하면서 Quartz 설립자들에 관한 진술은 옳다고 했으므로 Dunn 씨가 쓴 두 번째 지문에서 설립자의 내용을 찾으면 된다.

[어휘] **grant** 보조금 / **give out** 나누어주다 / **be dedicated to** ~에 전념하다 / resident 거주자 / award amount 상금 / non-profit organization 비영리기관 / elderly 어르신의 / infant care 영유아 보육 / winner 수상자 / funding 재정지원 / award 수여하다 / reside in ~에 거주하다 / **donate** 기부하다 / awareness 인식 / call attention to ~에 주의를 기울이다 / **inaccuracy** 오류 부정확 / srtatement 진술서 / former 이전에 / conrtibutor 기고가 / strive 고분분투하다 / insight 통찰력 있는 / trustworthy 신뢰할 수 있는 / rare 드문 / occurrence 발생, 출현

Time 10

**TOEIC Listenig Comprehension
Part 1~4**

TOEIC Listening Comprehension

Part 1. 사진 묘사 (6문제)

사진을 가장 잘 묘사한 문장을 4개의 보기 중에서 고르는 유형이다.

[문제풀이방법]

1. 방송을 듣기 전에 사진을 보고 묘사할 수 있는 표현을 미리 연상한다.

　　보기를 듣기 전에 사진을 보면서 사용 가능한 주어와 등장인물의 동작이나 사물을 나타내는 동사 및 명사를 미리 연상한다.

2. 사진을 완벽하게 묘사한 것이 아니라 가장 적절하게 묘사한 보기를 선택한다.

- 사진 속사람의 동작을 파악한다.
- 사진에 없는 사람이나 사물을 언급한 묘사는 답이 아니다.
- 사진 속 사물의 상태나 위치를 잘 파악해야 한다.
- 사물의 상태를 사람의 동작으로 묘사하면 오답이다.
- 사진을 통해 알 수 있는 진술만 묘사한다.
- 유사어휘를 사용하면 오답이다.

3. 사진을 완벽하게 묘사한 것이 아니라 가장 적절하게 묘사한 것을 찾는다.

Part 2. 질의응답 (25문제)

선택지 없이 질문을 듣고 가장 적절한 답을 3개의 보기 중에서 고르는 유형이다.

[문제풀이방법]

1. 질문의 첫 단어를 집중해서 듣는다.

Part II에서 평균 13문제 정도 출제되는 육하원칙(when, where, what, why, how, who)은 첫 단어인 의문사만 들어도 정답을 쉽게 선택할 수 있다. **특정 시간, 특정 장소, 사람, 사물, 이유, 방법, 등이 나온다.** 어렵게 나올 시는 간접표현 형태로도 나온다.

Ex : What's the subject of the conference?

It hasn't been announced.

아직 발표되지 않았다는 말로 아직 모른다는 간접표현이 답으로 나온 경우이다.

2. 의문사(when, where, what, why, how, who)로 묻는 의문사 의문문은 Yes/No가 나오면 오답이다

3. 질문에 나온 단어를 선택지에 사용하거나, 발음이 유사한 단어를 사용하면 오답이다.

Ex : leave – leave(같은 단어), fare – fair(유사발음)

4. 파생어, 동의어, 관련된 단어를 선택지에 사용하면 오답이다.

Ex: assistance – assist, work(직장) – department(부서)

5. Did(Do) you~, Is Tom(Jane)~으로 묻는 질문은 80%정도는 I, He(she)로 답이 나온다. 또한 Yes/No 답이 나올 수 있다.

6. 질문과 무관한 인칭, 시제 불일치가 나오면 정답이 아니다.

They을 질문했는데 He가 나오고, 동사가 과거 동사인데 현재 동사가 나오면 오답으로 한다.

[문제유형1] When으로 나오면 시간을 묻는 문제이다.

1. When do you start your new job?

(A) At my previous company

(B) To sell machinery

(C) I'm not sure of the date.

[정답] C

[해석] 당신은 새로운 일을 언제 시작하나요?

(A) 제 이전 회사에서요.

(B) 기계를 판매하기 위해서요.

(C) 날짜가 확실하지 않아요.

[해법] (A) job과 관련 있는 company를 사용하여 혼동을 주었다.

(B) job과 관련 있는 sell machinery를 사용하여 혼동을 주었다.

(C) 날짜가 확실하지 않다는 말로 간접적인 응답을 했다. 정답이다.

[문제유형2] Who 의문문이 나오면 사람이나 부서명이나 단체명이 정답으로 나온다.

2. Who's assisting the patient in Room 33?

(A) Margaret Peterson.

(B) A one-hour surgery.

(C) There are 34, actually.

[정답] A

[해석] 누가 33호실의 환자를 돕고 있나요?

(A) Margaret Peterson이요.

(B) 한 시간 동안의 수술이요.

(C) 사실, 34개가 있어요.

[해설] (A) Margaret Peterson 사람을 언급하고 있으므로 정답이다.

(B) patient(환자)에서 연상할 수 있는 치료 방법과 관련된 surgery(수술)을 사용하여 혼동

(C) 33호와 34개를 사용하여 혼동을 주었다.

[문제유형3] 부정의문문의 **not**을 무시하고 답을 찾는다. 유사발음으로 찾는다.

3. Shouldn't you leave for the training workshop now?

   (A) He should clean up these leaves.

   (B) They're at the electronics shop.

   (C) Is it 5 o'clock already?

[정답] C

[해석] 당신은 워크숍으로 지금 출발해야 하지 않나요?

   (A) 그는 이 나뭇잎을 치워야 해요.

   (B) 그들은 전자기기 판매장에 있어요.

   (C) 벌써 5시인가요?

[해설] (A) He가 나타나는 대상이 질문에 없다. leave를 반복 사용하여 혼동을 주었다.

   (B) workshop-shop 유사발음으로 오답이다.

   (C) 벌써 5시인지를 되물어 교육 워크숍으로 출발해야 할 시간임을 전달했다. 정답이다.

[문제유형4] 제안의문문 **Why don't you?** 묻는 유형은 **Yes/No** 답변 가능한 이유를 묻는 말
이 아니므로 **Yes/No**를 내포하는 답변은 어색하다. 유사발음으로 답을 찾는다.

4. Why don't we discuss the budget with Mr. Beacon today?

   (A) It doesn't need to be finalized until Friday.

   (B) Talks relating to the merger.

   (C) A corporate budget analyst.

[정답] A

[해석] 오늘 Mr. Beacon과 예산에 대해 논의하는 게 어때요?

   (A) 그것은 금요일까지 마무리될 필요가 없어요.

   (B) 합병과 관련된 논의들이요.

   (C) 기업 예산분석가요.

[해설] (A) 제안을 간접적으로 거절했다. 답으로 채택한다.

   (B) discuss(논의하다)와 Talks(논의)를 사용하여 혼동을 준 오답이다.

   (C) 인물로 응답했기 때문에 오답이고, budget을 반복 사용하여 혼동을 준다.

Where(장소)를 묻는 문제 유형은 장소가 답으로 나온다.

5. Where can I find information about the tour?

    (A) We discovered more evidence.

    (B) He was informed of the delay.

    (C) Details are on the Web site.

[정답] C

[해석] 여행에 대한 정보를 어디에서 찾을 수 있나요?

    (A) 우리는 증거를 더 발견했어요.

    (B) 그는 지연에 대해 통지를 받았어요.

    (C) 세부사항은 웹사이트에 있어요.

[해설] (A) find(찾다)와 discovered(발견하다)를 사용하여 혼동을 준다.

    (B) He가 나타내는 대상이 질문에 없고 information-informed는 유사발음으로 오답

    (C) 여행에 대한 정보를 찾을 수 있는 장소를 언급했으므로 정답이다.

[문제유형6] **간접의문문은 중간에 오는 의문사나 접속사가 정답을 결정한다. 유사발음으로 찾는다.**

6. Could you tell me if your spa offers gift certificates?

    (A) Not as of March

    (B) Thanks for the voucher.

    (C) A teller will help you with your deposit.

[정답] A

[해석] SPA가 상품권을 제공하는지 알려주실 수 있나요?

    (A) 3월부터는 아니에요.

    (B) 상품권 감사해요.

    (C) 은행 창구직원이 예금을 도와드릴 거예요.

[해설] (A) if your spa offers gift certificates 이 부분을 듣고 3월부터는 spa가 상품권을 제공하지 않았다고 했으므로 정답이다.

    (B) gift certificates(상품권)과 같은 의미인 voucher(상품권)이 혼동을 주고 있다.

    (C) tell-teller 유사발음이다.

what 뒤에 오는 품사가 정답을 결정한다.

7. What will be served as the entree at the awards ceremony?

    (A) Salmon and lemon sauce.

    (B) Service was too slow.

    (C) This job is very rewarding.

[정답] A

[해석] 시상식에서 주요리로 무엇이 제공될까요?

    (A) 연어와 레몬 소스입니다.

    (B) 서비스가 너무 느렸어요.

    (C) 이 일은 매우 보람이 있어요.

[해설] (A) what 뒤에 will be served as the entree. 주요리로 무엇이 제공될지를 묻고 있다.

    (B) served-service 유사발음으로 혼동을 준다.

    (C) awards-rewarding 유사발음으로 혼동을 준다.

[문제유형8] **부가의문문의 뒤에 오는 내용은 무시하라, 유사발음으로 찾는다.**

8. John is a member of the hiring committee, isn't he?

    (A) I'll hang the poster higher.

    (B) That's the community center.

    (C) I believe so.

[정답] B

[해석] 존은 고용위원회의 일원이죠? 그렇지 않나요?

    (A) 제가 포스터를 더 높게 걸게요.

    (B) 그건 지역문화회관이에요.

    (C) 그런 것 같아요.

[해설] (A) hiring-higher 유사발음으로 오답

    (B) committee-community 유사발음으로 오답

    (C) isn't he는 생각하지 않고 존은 고용위원회의 일원이라는 물음에 그런 것 같다가 정답이다.

의문사 의문문에 Yes/No로 답이 안 나오고, 이유가 나온다. 유사발음에 집중한다.

9. Why has our parking lot been blocked off?

    (A) No, park on the road.

    (B) So it can be resurfaced. .

    (B) At 2 p. m. today.

[정답] B

[해석] 우리 주차장이 왜 차단되어 있나요?

     (A) 아니요, 도로 위에 주차하세요.

     (B) 바닥이 재포장되기 위해서요.

     (C) 오는 오후 2시에요.

[해설] (A) 의문사 의문문에 No로 응답했으므로 오답, parking-park 유사발음

     (B) why(이유)를 묻고 있으므로 바닥이 재포장되기 위해서라는 말로 주차장이 차단되어 있는 이유를 언급했으므로 정답이다.

     (C) 시간을 나타내면 when이 정답으로 나온다.

[문제유형10] How(Which) 의문문 뒤에 오는 품사가 정답을 결정한다.

10. **Which assignment** are you interested in focusing on?

    (A) Revising the product catalog.

    (B) Sure, let me assign them quickly.

    (C) Mr. Abdul is eager to work here.

[정답] A

[해석] 무슨 업무에 초점을 맞추고 싶으신가요?

     (A) 상품 카탈로그를 수정하는 것이오.

     (B) 물론이죠, 제가 그것들을 빨리 배정할게요.

     (C) Mr. Abdul은 여기에서 일하고 싶어 해요.

[해설] (A) Which assignment(무슨 업무)에 초점을 맞추고 싶은가에 관해 언급했으므로 정답이다.

     (B) 의문사 의문문에 Yes와 같은 Sure로 응답했기 때문에 오답, assignment-assign 유사발음으로 오답이다.

     (C) assignment(업무)와 관련 있는 work(일하다) 사용하여 혼동을 준다.

[문제유형11] 선택의문문은 either, both, neither에 관련해서 답을 찾는다.

11. Will you have your housewarming partly indoors or outdoors?

    (A) Let's see how the weather turns out.

    (B) Of course, I can fix that door.

    (C) It was colder than we expected.

[정답] A

[해석] 집들이 파티를 실내에서 할 건가요, 아니면 야외에서 할 건가요?

    (A) 날씨가 어떻게 되는지 봅시다.

    (B) 물론이죠, 제가 그 문을 고칠 수 있어요.

    (C) 우리가 예상했던 것보다 추웠어요.

[해설] (A) 날씨가 어떻게 되는지 보자는 말로 간접적인 응답을 했으므로 정답이다.

    (B) indoors-door 유사발음으로 오답

    (C) warm(따뜻한)과 반대 의미인 colder(더 추운)을 사용하여 혼동을 준 오답

사진을 가장 잘 묘사한 문장을 4개의 보기 중에서 고르는 유형이다.

1. 화자의 의도 파악 문제

   [출제 포인트] 말의 사전적인 의미가 아니라 대화 흐름상 화자가 그 말을 한 이유나 의도를 묻는다.

   [질문 유형] What does the man mean imply when he says, If you don't mind?

   [문제풀이방법]

   · 질문을 미리 읽는다.

   · 해당 문장 주변에서 단서를 잡는다.

2. 시각 정보 연계문제

   [출제 포인트] 주어진 시각정보와 대화에서 나오는 내용을 연결하여 정답을 고를 수 있어야 한다.

   [질문 유형] Look at the graphic, Which item are the speakers discussing?

   [시각 정보 유형] 일상에서 쉽게 접할 수 있는 도표, 그래프 등

   [문항 수] 13문항(해당 대화지문 3개)

   [문제풀이방법]

   · 시각 정보를 보고 무슨 내용인지 파악한다.

   · 시각 정보와 연계되는 문제를 읽고 질문을 파악한다.

   · 대화 중 해당 부분과 시각정보를 연결시킨다.

3. 3인 대화 지문

   [출제 포인트] 남녀 혹은 언급되는 이름을 구분해서 대화 내용을 들을 수 있어야 한다.

   [대화 유형] 남자 2명 + 여자 1명 / 남자 1명 + 여자 2명

   [문항 수] 대화 지문 1~2개

   [문제풀이방법]

   · 대화 도중 사람 이름이 나오면 세 번째 화자의 등장을 기대하며 주의해서 듣는다.

   · 대화는 순서로 정해져 첫 번째 문제는 앞에서, 두 번째 문제는 중간에서 세 번째 문제는 마지

막에서 답을 고른다. 남자를 묻는 문제는 남자 대화를, 여자에 관해 묻는 문제는 여자가 말한 부분을 잘 듣는다.

- 할인(discount, off, reduce), 날짜, 장소 등을 묻는 유형은 할인, 장소, 날짜 부분을 잘듣는다.
- 주어진 문제 3문제를 빨리 읽어서 무엇을 잘 들어야 할지를 결정한다.

Questions 1~3 refer to the following conversation with three speakers.

> **W1 : Aren't you both pleased that our agency has had more bookings lately?**
>
> **W2 : Yes. It's probably because we received an outstanding review on famous travel blogger Geroge Leeland's Web page.**
>
> M : I agree! And that reminds me... Is everything ready for the tour that we're leading today?
>
> W1 : I just stocked the bus with water and snacks. And we've got the safety gear in case any wild animals get too close to the vehicle.
>
> M : **Did you also bring those cans of bug spray we ordered, Fiona?**
>
> W2 : Sorry, no. **I'll grab those from our office before we depart.**
>
> M : Good. I want to be prepared, since we have our largest group yet today.

1. **Where** most likely do the **speakers work**?

   (A) At an accommodation facility.

   (B) At a tour company

   (C) At a beverage company

   (D) At a car rental agency

2. What is mentioned about **George Leeland**?

   (A) He canceled a trip.

   (B) He launched a Web site.

   (C) He gave positive feedback.

   (D) He recruited new workers.

3. **What** does Fiona say she will **do**?

(A) Post a safety sign

(B) Purchase some drinks

(C) Get some supplies

(D) Test drive a vehicle

....

2. George Leeland에 관해 무엇이 언급되는가?

   (A) 그는 여행을 취소했다.

   (B) 그는 web site를 개시했다.

   (C) 그는 긍정적인 의견을 주었다.

   (D) 그는 새로운 직원들을 모집했다.

[문제유형2] What is mentioned about George Leeland?

[문제단서2] **사람에 관해 언급되는 문제는 질문의 핵심어구 사람이 언급된 주변을 집중해서 듣는다.**

[문제해법2] 세부사항 관련 문제로 Geroge Leeland에 관해 언급된 것을 묻는 문제이다. It's probably because we received an outstanding review on famous travel blogger Geroge Leeland's Web page라며 유명한 여행 블로거인 Geroge Leeland's Web page에서 우수한 후기를 받았다고 하였다. 정답은 He gave positive feedback이다.

3. Fiona는 그녀가 무엇을 할 것이라고 말하는가?

   (A) 안전표지를 게시한다.

   (B) 음료를 구입한다.

   (C) 준비물을 가져온다.

   (D) 차량을 시운전한다.

[문제유형3] What does Fiona say she will do?

[문제단서3] **다음에 할 일을 묻는 문제 유형은 대화의 마지막 부분을 주의 깊게 듣는다.**

[문제해법3] 세부사항 관련 문제(다음에 할 일)로 Fiona 즉 여자 2가 다음에 할 일을 묻는 문제이므로, 대화의 마지막 부분을 주의 깊게 듣는다. 남자가 Fiona에게 주문한 상품을 가져왔는지 묻자, 출발하기 전에 사무실에서 가져오겠다고 하였다. 정답은 Get some supplies이다.

[어휘] booking 예약 / outstanding 우수한 / safety gear 안전 장치 / accommodation 숙박 / launch 개시하다, 출시하다 / recruit 모집하다 / safety sign 안전 표지 / supply 준비물

Questions 4~6 refer to the following conversation.

> W : Hello, Hector, **I'm just calling to check about the plans you are drafting for the Sanchez Building project. Are you going to be able to complete them before June 10?**
>
> M : Actually, I'll require help from our subcontractor for some of the work if you want me to finish before that deadline. **Could you give me his phone number so that I can ask him about that?**
>
> W : **I'm not at my desk right now, I'm going to meet a client, but I can call you back in about an hour and give it to you then.**
>
> M : OK. I'll contact him right after I hear back from you.

4. Where most likely do the speakers work?

   (A) At a real estate agency.

   (B) At a software firm

   (C) At a publishing company

   (D) At an architectural firm.

5. What does the woman ask about?

   (A) A project schedule

   (B) A price list

   (C) A contract change

   (D) A tracking number

6. Why does the woman say, I'm not at my desk right now?

   (A) She must return to the office

   (B) She will answer a phone call later

   (C) She cannot provide some information.

   (D) She must postpone a meeting.

[정답] D – A – C

[해석]

> W : 안녕하세요, Hector. 저는 **Sanchez 건물 프로젝트를 위해 당신이 초안을 작성하고 도면들에 관해 좀 확인하려고 전화했어요.** 그것들을 6월 10일 전에 완료할 수 있나요?
>
> M : 사실, 그 마감 기한 전에 제가 완료하길 원하신다면 일부 작업에 대해 하청업자에게 도움을 요청해야 할 것 같아요. 제가 문의할 수 있도록 그의 전화번호를 주시겠어요?
>
> W : 저는 지금 자리에 없어요. 저는 고객을 만나러 가는 길인데 한 시간 안에 다시 전화해서 그걸 당신에게 알려드릴 수 있어요.
>
> M : 알겠어요. 당신에게 연락을 받은 후에 바로 그에게 연락할게요.

4. 화자들은 어디에서 일하는 것 같은가?

   (A) 부동산 중계업체에서

   (B) 소프트웨어 회사에서

   (C) 출판사에서

   (D) 건축 회사에서

[문제유형4] **Where** most likely do the **speakers work**?

[문제단서4] **장소, 직업 문제의 정답 단서는 초반에 언급된다.**

[문제해법4] 전체 대화 관련 문제로 화자들이 일하는 장소를 묻는 문제로 맨 처음 문장에서 답을 찾는다. At an architectural firm가 정답이다.

5. 여자는 무엇을 문의하는가?

   (A) 프로젝트 일정

   (B) 가격목록

   (C) 계약변경

   (D) 추적번호

[문제유형5] What does the woman ask about?

[문제단서5] **ask about이 있으면 ask가 나오는 그다음 대화 부분을 잘 듣는다.**

[문제해법5] 여자가 문의하는 것을 묻는 문제이므로, Are you going to be able to complete them before June 10? 6월 10일 이전에 도면들을 완료할 수 있을지 물었다. A project schedule이다.

6. 여자는 왜 "저는 지금 자리에 없어요." 라고 말하는가?

    (A) 그녀는 사무실로 들어가야 한다.

    (B) 그녀는 나중에 전화를 받을 것이다.

    (C) 그녀는 정보를 제공할 수 없다.

    (D) 그녀는 회의를 연기해야 한다.

[문제유형6] Why does the woman say, I'm not at my desk right now?

[문제단서6] **의도 파악문제는 대화가 제시하는 언급된 주변을 깊게 듣는다.**

[문제해법6] I'm not at my desk right now? 질문의 언급된 주변을 중심으로 Could you give me his phone number so that I can ask him about that? 이 질문에 I'm not at my desk right now, I'm going to meet a client, but I can call you back in about an hour and give it to you then.에서 의도파악을 찾으면 정답은 She cannot provide some information.이다.

[어휘] draft 초안을 작성하다 / real estate agency 부동산 중계업체 / architectural 건축의 / contract 계약 / tracking nimber 추적번호 / postpone 연기하다.

Questions 7~9 refer to following conversation.

M : **I'm considering putting up some new artwork at our hospital.** Research shows that patients feel more comfortable at medical facilities with pleasant images displayed.

W : **Have you been to that newly opened gallery downtown... umm... Westchester Gallery**

M : The opening party was quite impressive. But I think the pieces there are too expensive Do you have any other suggestions?

W : Jesse's Home Goods has some reasonably priced works. That store is located two blocks down from our building, actually.

M : I've never heard of that places. **I'll check its Web site now and see what it has available**

7. What are the speakers mainly discussing?

(A) Designing a Web site.

(B) Organizing an event.

(C) Visiting a gallery

(D) Decorating a space.

8. What does the man mean when he says, "The opening party was quite impressive"?

(A) He met an artist.

(B) He visited a facility.

(C) He donated some money.

(D) He completed an assignment.

9. What does the man say he will do?

(A) Store some items

(B) Talk to an administrator

(C) Write down an address

(D) Search for information online.

[정답] D - B - D

[해석]

> M : **저는 우리 병원에 새로운 그림을 거는 것을 고려하고 있어요.** 연구는 기분 좋은 이미지가 전시된 의료 시설에서 환자들이 더 편안하게 느낀다는 것을 보여줘요.
>
> W : 시내에 새로 문을 연... 음... Westchester 미술관에 가보셨나요?
>
> M : **개관식은 아주 인상적 이었어요.** 하지만 거기에 있는 작품들은 너무 비싼 것 같아요. 다른 제안이 있으세요?
>
> W : Jesse's 가정용품점에 합리적으로 값이 매겨진 작품들이 있어요. 사실, 그 상점은 저희 건물에서 두 블록 아래에 위치해 있어요.
>
> M : 저는 그곳에 대해 들어본 적이 없어요. **지금 웹사이트를 확인하고 그곳에 구매할 수 있는 게 뭐가 있는지 확인해볼게요.**

7. 화자들은 주로 무엇을 이야기하고 있는가?

   (A) 웹사이트를 디자인하는 것

   (B) 행사를 준비하는 것

   (C) 미술관에 방문하는 것

   (D) 장소를 장식하는 것

[문제유형7] What are the speakers mainly discussing?

[문제단서7] **질문 뒤에 discussing 주제를 묻는 문제이다.**

[문제해법7] 대화의 주제를 묻는 문제는 대화의 초반을 반드시 듣는다. 초반의 대화를 통해 정답은 Decorating a space이다.

8. 남자는 "개관식은 아주 인상적 이었어요"라고 말할 때 무엇을 의도하는가?

   (A) 그는 예술가를 만난다.

   (B) 그는 시설을 방문했다.

   (C) 그는 약간의 돈을 기부했다.

   (D) 그는 과제를 완료했다.

[문제유형8] What does the man mean when he says, "The opening party was quite impressive"?

[문제단서8] **의도파악 문제는 질문의 인용구 앞뒤에서 답을 찾는다.**

[문제해법8] 질문의 인용구 앞에 Have you been to that newly opened gallery downtown... umm... Westchester Gallery? 시내에 새로운 문을 연 미술관에 가보았는지를 묻자 남자는 The opening party was quite impressive. 개관식이 매우 인상적이었다고 말하는 것으로 보아 He visited a facility.가 정답이다.

9. 남자는 무엇을 할 것이라고 말하는가?

(A) 몇몇 물품들을 보관한다.

(B) 관리자에게 이야기한다.

(C) 주소를 적는다.

(D) 온라인으로 정보를 찾는다.

[문제유형9] What does the man say he will do?

[문제단서9] **문장 뒤에 next나 do로 끝나면 문장 마지막에 답이 나온다.**

[문제해법9] 다음에 할 일을 묻는 문제는 마지막 부분을 잘 듣는다. 마지막 부분을 통해 Search for information online 온라인에서 정보를 찾을 것을 알 수 있다.

[어휘] suggestion 제안 / **donate** 기부하다 / **complete** 완료하다 / **assignment** 과제

Questions 10~12 refer to following conversation.

M : Ms. Pennington, this is Carl from Northwood Marketing. **I'm calling to see if you've had a chance to review he contract I sent you.** The one for the public relations services you inquired about...

W : Yes, But I think the rate you want to charge is too high. The last PR contractor I hired had lower fees.

M : I understand. Since I was referred to you by another client, **I can give you a 10 percent service fee reduction.**

W : That sounds resonable. However, I'll need to consult with my company's financial manager First, and he's currently traveling overseas. **He'll return this Friday**, so I'll call you then.

10. Why is the man calling the woman?

(A) To conduct an interview

(B) To inquire about a document

(C) To confirm travel plans

(D) To promote a product

11. What does the man offer to do?

(A) Organize a business trip

(B) Arrange a public event

(C) Revise an itinerary

(D) Provide a discount

12. What does the woman say will happen this Friday?

(A) Her colleague will come back

(B) Her salary will be increased.

(C) She will receive some coupons .

(D) She will hire a consultant.

[정답] B − D − A

[해석]

M : Ms. Pennington, 저는 Northwood 마케팅사의 Carl입니다. **제가 보내드렸던 계약서를 검토할 기회 가 있으셨는지 확인하고자 전화 드렸습니다.** 당신이 문의하신 홍보 서비스에

W : 관한 것이요.

M : 네, 하지만 당신이 청구하고자 하는 요금이 너무 높은 것 같아요. 제가 고용했던 지난 홍보 하청업자는 요금이 더 낮았거든요.

W : 알겠습니다. 다른 고객 분이 당신에게 저를 소개해주셨기 때문에, **10퍼센트의 서비스 요금 할인을 제공해드릴 수 있습니다.**

적정한 것 같네요. 하지만, 저희 회사의 재무 관리자와 먼저 상의해야 하는데, 그가 현재 해외 여행 중이에요. **그가 이번 주 금요일에 돌아올 거니까,** 그때 전화 드릴게요.

10. 남자는 왜 여자에게 전화를 하고 있는가?

(A) 인터뷰를 하기 위해

(B) 서류에 관해 문의하기 위해

(C) 여행 계획을 확인하기 위해

(D) 제품을 홍보하기 위해

[문제유형10] Why is the man calling the woman?

[문제단서10] **목적을 묻는 목적은 대화의 초반에서 나온다.**

[문제해법10] 초반에 남자가 I'm calling to see if you've had a chance to review he contract I sent you. 라며 자신이 보낸 계약서를 검토할 기회가 있었는지 확인하고자 전화했다고 했다. 정답은 To inquire about a document이다.

11. 남자는 무엇을 해주겠다고 제안하는가?

(A) 출장을 준비한다.

(B) 공공 행사를 준비한다.

(C) 여행일정을 수행한다.

(D) 할인을 제공한다.

[문제유형11] What does the man offer to do?

[문제단서11] **offer는 남자가 해주겠다고 제안하는 것으로 대화 후반부 I can give~ fee reduction.에 단서가 있다.**

남자가 해주겠다고 제안하는 것을 묻는 문제이므로, 남자의 말에서 여자를 위해 해주 겠다고 언급한 내용을 주의 깊게 듣는다. I can give you a 10 percent service fee reduction. 라며 10퍼센트 서비스 요금 할인을 제공해줄 수 있다고 하였다.

12. 여자는 이번 주 금요일에 무슨 일이 일어날 것이라고 말하는가?

   (A) 그녀의 동료가 돌아올 것이다.

   (B) 그녀의 월급이 오를 것이다.

   (C) 그녀는 몇몇 쿠폰들을 받을 것이다.

   (D) 그녀는 상담가를 고용할 것이다.

[문제유형12] What does the woman say will happen this Friday?

[문제단서12] **say 앞뒤의 명사, 동사에서 답을 찾는다.**

[문제해법12] say 뒤의 이번 주 금요일에 일어날 일을 묻는 문제이므로, 질문의 핵심어구(this Friday)가 언급된 부분을 주의 깊게 듣는다.

[어휘] charge 청구하다 / contractor 계약자 / reduction 할인 / reasonable 적정한 / financial 재정의 / business trip 출장 / arrange 준비하다 / revise 수정하다 / itinerary 여행 일정 / discount 할인 / colleage 동료 / consultant 상담가

Questions 13~15 refer to following conversation.

M : Good afternoon, Lesley. **Thank you so much for inviting me to your housewarming party.**

W : I'm glad you made it. You're actually the first person here, so please have a seat anywhere in the living room. **I still need to bring out the snacks and drinks from the kitchen.**

M : Great...Wow! This space is decorated very nicely. Where did you buy this sofa?

W : From a vintage furniture retailer downtown. I have one of the store's brochures right here, if you're interested.

M : OK. **I'll look through this while I wait for everyone else to arrive.**

13. What type of event is talking place?

   (A) A social gathering

   (B) A product demonstration

   (C) A furniture sale

   (D) A food exposition

14. What does the woman say she needs to do?

   (A) Remodel a kitchen .

   (B) Put out some refreshments

   (C) Send some invitations .

   (D) Contact a retailer

15. What will the man most likely do next?

   (A) Give a recommendation .

   (B) Read a pamphlet

   (C) Order a sofa

   (D) Browse a Web site

[정답] A - B - B

[해석]

M : 안녕하세요, Lesley. **저를 집들이에 초대해 주셔서 정말 감사해요.**

W : W: 와주셔서 기쁘네요. 사실 당신이 여기 첫 번째로 오셨으니 거실 아무데나 앉으시면 돼요. **저는 아직 부엌에서 간식과 음료를 가져와야 해요.**

M : 좋아요...우아! 이 공간은 정말 잘 꾸며져 있네요. 이 소파는 어디에서 사셨어요?

W : 시내에 있는 빈티지 가구 소매점에서요 그 상점의 책자 중 하나가 바로 여기 있어요. 관심 있으시면요.

M : 좋아요. **다른 사람들이 도착하길 기다리는 동안 이것을 살펴보고 있을게요.**

13. 어떤 종류의 행사가 일어나고 있는가?

    (A) 친목모임

    (B) 제품시연

    (C) 가구 할인판매

    (D) 식품박람회

[문제유형13] What type of event is talking place?

[문제단서13] What type of ~로 묻는 문제는 뒤의 명사와 연결해 초반에 나온다.

[문제해법13] 열리고 있는 행사의 종류를 묻는 문제이므로 event와 관련된 내용을 주의 깊게 듣는다. **패러라이징(바꾸어 표현하기) : housewarming party(집들이) → A social gathering(친목모임)**

14. 여자는 무엇을 해야 한다고 말하는가?

    (A) 부엌을 리모델링한다.

    (B) 다과를 꺼내온다.

    (C) 초대장을 보낸다.

    (D) 소매점에 연락한다.

[문제유형14] What does the woman say she needs to do?

[문제단서14] say가 있으면 앞 두번째 대화에서 woman이 제시한 말을 통해 답을 구한다.

[문제해법14] 질문의 핵심어구(she needs to do)와 관련된 내용을 주의 깊게 듣는다. **패러라이징 (바꾸어 표현하기)** bring out the snacks and drinks 간식과 음료를 가져오다 → Put out some refreshments 다과를 꺼내오다.

15. 남자는 다음에 무엇을 할 것 같은가?

(A) 추천을 해준다.

(B) 소책자를 읽는다.

(C) 소파를 주문한다.

(D) 웹사이트를 검색한다.

[문제유형15] What will the man most likely do next?

[문제단서15] next 다음에 할 일은 마지막 부분에 답이 나온다.

[문제해법15] 대화의 마지막 부분을 주의 깊게 듣는다. I'll look through~ 책자를 살펴보겠다고 하였다.

[어휘] retailer 소매점 / look through 살펴보다 / demonstration 시연 / expositition 박람회 / refreshment 다과 / invitation 초대장 / give a recommendation 추진하다

Questions 16~18 refer to following conversation and chart.

W : Welcome to Fitzroy Gadgets. Can I help you with anything?

M : Yes, **I bought a digital scale here two days ago.** When I got home and opened the package, I noticed that the scale doesn't come with batteries. I haven't looked at the manual yet, so I'm not sure of the exact type of battery I need.

W : That's not an issue. I have a list of the battery types for all of the devices we sell. **Uh, which digital scale model did you buy?**

M : **Um, the Ollie 500...**

W : Great, We have batteries for that one in stock. **I'll help you find them now.**

model	Battery Type
Balan 900 Series	CR927
Smart Weigh 1	CR 1025
DecoMat 1800	CR 1216
Ollie 500	**CR 1220**

16. What did the man do two days ago?

(A) Read a manual

(B) Requested a refund

(C) Made a purchase

(D) Received a delivery

17. Look at the graphic. Which battery type will the man most likely buy?

(A) CR927

(B) CR1025

(C) CR1216

(D) CR1220

18. What will the woman probably do next?

(A) Restock a shell

(B) Change some batteries

(C) Demonstrate a device

(D) Locate some items

[정답] C - D - D

[해석]

W : Fitzroy Gadgets에 오신 것을 환영합니다. 무엇을 도와드릴까요?

M : 네, 제가 이틀 전에 여기서 디지털 저울을 샀어요. 제가 집에 가서 상자를 열었을 때, 저울에 배터리가 딸려 있지 않은 것을 발견했어요. 제가 아직 설명서를 보지 않아서, 필요한 배터리의 정확한 종류는 모르겠어요.

W : 그건 문제가 아니에요. 저희가 파는 모든 기기의 배터리 종류목록을 가지고 있습니다. 어떤 디지털 저울 모델을 사셨나요?

M : 음, Ollie 500이요.

W : 좋아요. 저희에게 그것의 배터리 재고가 있네요. 지금 찾는 것을 도와드릴게요.

16. 남자는 이틀 전에 무엇을 했는가?

(A) 설명서를 읽었다

(B) 환불을 요청했다

(C) 구매를 했다

(D) 배달물품을 받았다.

[문제유형16] What did the man do two days ago?

[문제단서16] **숫자를 묻는 문제는 숫자가 나오는 부분을 잘 듣는다.**

[문제해법16] 숫자(two days ago)가 언급된 부분을 주의 깊게 듣는다. I bought a digital scale here two days ago. 따라서 정답은 Made a purchase이다. **패러라이징(바꾸어 표현하기) : bought a digital scale(디지털 저울을 사다) → Made a purchase(구매하다)**

17. 시각자료를 보시오. 남자는 어떤 배터리 종류를 살 것 같은가?

    (A) CR927

    (B) CR1025

    (C) CR1216

    (D) CR1220

[문제유형17] Look at the graphic. Which battery type will the man most likely buy?

[문제단서17] **시각자료문제는 지문 아래에 있는 제시된 도표에서 정보를 확인한다.**

[문제해법17] 질문의 핵심어구(battery type~man~buy)와 관련된 내용을 듣는다. Uh, which digital scale model did you buy?라며 어떤 디지털 저울 모델을 샀는지 묻자, 남자가 Um, the Ollie 500이라고 하였으므로, 남자는 Ollie 500 모델의 배터리 종류인 CR1220을 살 것을 도표에서 알 수 있다.

18. 여자는 다음에 무엇을 할 것 같은가?

    (A) 선반을 다시 채운다.

    (B) 배터리를 바꾼다.

    (C) 기기를 시연한다.

    (D) 물품들을 찾아낸다.

[문제유형18] What will the woman probably do next?

[문제단서18] **next 문제는 대화의 마지막 부분에서 찾는다.**

[문제해법18] 대화의 마지막 부분 I'll help you find them now라며 지금 배터리를 찾는 것을 도와주겠다고 한 말을 통해 여자가 물품을 찾아낼 것을 알 수 있다.

[어휘] scale 저울 / manual 설명서 / in stock 재고로 / **refund** 환불 / **purchase** 구매 / **delivery** 배달물 / **restock** 다시채우다 / **locate** 찾아내다

Part 4. 짧은 담화 (30문제)

긴 지문을 듣고 관련 질문에 대한 정답을 고르는 유형이다.

1. 화자의 의도 파악 문제

[출제 요점] 말의 사전적인 의미가 아니라 대화 흐름상 화자가 그 말을 한 이유나 의도를 묻는다.

[질문 유형] What does the man mean imply when he says, If you don't mind?

[문항 수] 10문항(해당 대화 지문 2개)

[문제풀이방법]

- 질문을 미리 읽는다.
- 해당 문장 주변에서 단서를 잡는다.
- 시간 순서로 답이 나오므로 문제를 빨리 파악해 처음, 중간, 마지막에 나올 문제를 파악한다.

2. 시각 정보 연계문제

[출제요점] 주어진 시각 정보와 대화에서 나오는 내용을 연결하여 정답을 고를 수 있어야 한다.

[질문유형] Look at the graphic, Which item are the speakers discussing?

[시각 정보 유형] 일상에서 쉽게 접할 수 있는 도표, 그래프 등

[문항 수] 2~3문항(해당 대화지문 2~3개)

[문제풀이방법]

- 시각 정보를 보고 무슨 내용인지 파악한다.
- 시각 정보와 연계되는 문제를 읽고 질문을 파악한다.
- 대화 중 해당 부분과 시각 정보를 연결시킨다.

[문제풀이 전략]

- 지문을 듣기 전에 반드시 질문과 보기를 먼저 읽어야 한다.
- 지문을 들으면서 동시에 정답을 선택한다.
- 지문에서 초반에 언급된 내용 중 80% 이상이 문제로 출제되니 지문의 초반을 반드시 들어야 한다.

Questions 1~3 refer to the following advertisement.

Do you expect only the highest-quality accommodations when you travel? **Then join GOFAR and become part an exclusive club. Our online application finds the best deals on rooms in five-star establishments on your behalf. Our GOFAR loyalty program will also let you accumulate points and earn a major discount after you book through us 10 times. So go to www. gofarapp.com. where you can fill out a membership form in less than 10 minutes!** Once you do, you can download our application and began discovering amazing deals.

1. What is being advertised?

   (A) A hotel booking application

   (B) A new luxury resort

   (C) A tour guide association

   (D) An online clothing store.

2. How can listeners earn a discount?

   (A) By filling out a questionnaire.

   (B) By recommending a company to friends

   (C) By posting a customer review

   (D) By using a service multiple times

3. Why should listeners visit a Web site?

   (A) To view an itinerary

   (B) To become a member

   (C) To look at dome images

   (D) To calculate rewards points

[정답] A – D – B

[해석]

여행을 할 때 최고급의 숙소만을 기대하십니까? 그렇다면 GOFAR에 가입하시고 회원제 클럽의 일원이 되십시오. 저희 온라인 애플리케이션은 여러분을 대신하여 5성급 호텔의 객실들에 대해 특가들을 찾아드립니다. 또한 저희 GOFAR로 멀티프로그램은 포인트를 쌓을 수 있게 해주며 저희를 통해 열 번 예약을 하신 후에는 주요 할인을 받을 수 있도록 해드립니다. 그러니 10분 이내에 회원 신청서를 작성하실 수 있는 www. gofarpp.com으로 가세요! 그렇게 하시면, 저희의 애플리케이션을 다운로드 받을 수 있고 엄청난 특가 상품을 발견하기 시작할 수 있습니다.

1. **무엇이 광고되고 있는가?**

   (A) 호텔예약 애플리케이션

   (B) 새로운 고급 리조트

   (C) 관광안내자 협회

   (D) 온라인 의류점

[문제유형1] 무엇이 광고되고 있는가?

[문제단서1] **광고의 주제를 묻는 문제는 대화 초반 제품명이나 회사명에서 답을 찾는다.**

[문제해법1] 지문의 초반에 "Then join GOFAR and become part an exclusive club. Our online application finds the best deals on rooms in five-star establishments on tour behalf." 라며 저희 온라인 애플리케이션은 여러분을 대신하여 5성급 호텔의 객실들에 대해 특가들을 찾아준다고 하였다. 정답은 호텔예약 애플리케이션이다.

2. **청자들은 어떻게 할인을 받을 수 있는가?**

   (A) 설문지를 작성함으로써

   (B) 회사를 친구에게 추천함으로써

   (C) 고객 후기를 게시함으로써

   (D) 서비스를 여러 번 이용함으로써

[문제유형2] 청자들은 어떻게 할인을 받을 수 있는가?

[문제단서2] discount, off, down **등의 단어 주변을 주의 깊게 듣는다.**

[문제해법2] "Our GOFAR loyalty program will also let you accumulate points and earn a major discount after you book through us 10 times. GOFAR"를 통해 열 번 예약을 한 후에는 주요 할인을 받을 수 있다고 하였다.

3. 청자들은 왜 웹사이트를 방문해야 하는가?

(A) 여행 일정표를 보기 위해

(B) 회원이 되기 위해

(C) 사진들을 보기 위해

(D) 보상 포인트를 계산하기 위해

[문제유형3] 청자들은 왜 웹사이트를 방문해야 하는가?

[문제단서3] **이유를 묻는 문제로 마지막 부분 visit a Web site과 관련된 내용을 듣는다.**

[문제해법3] "So go to www. gofarapp.com. where you can fill out a membership form in less than 10 minutes!" 10분 이내에 회원 신청서를 작성하실 수 있는 www. gofarpp.com 으로 가라고 했다.

[어휘] **accommodation** 숙소 / exclusive club 회원제클럽 / **establishment** 호텔시설 / **accumulate** 축적하다 / questionnaire 설문지 / **recommend** 추천하다 / **post** 게시하다 / itinerary 여행 일정표 / **calculate** 계산하다

Questions 4~6 refer to the following broadcast.

Welcome to *RWV FM's Business New Break*. **Health food retail chain Firstgrade** has just posted strong quarterly earnings, proving that **their new business model is highly popular with shoppers. The model allows customers to bring in their own containers for certain bulk staples such as rice and beans.**, which reduces the **cost.** The retailer itself buys those items in large containers, increasing its own margins. **The implementation of this successful business idea is expected to go nationwide starting next month.**

4. What kind of business is Firstgrade?

   (A) A technology firm

   (B) A grocery store

   (C) A shipping company

   (D) A financial institution

5. Why do customers like a new business concept?

   (A) It reduces waste.

   (B) It saves money

   (C) It improves people's health

   (D) It takes less time

6. What will probably happen next month?

   (A) A strategy will be used in more stores.

   (B) A final testing period will get underway.

   (C) A new executive will be named.

   (D) A start-up company will be bought.

[해석]

*RWV FM's Business New Break*에 오신 것을 환영합니다. **건강 음식 소매 체인점 Firstgrade**가 그들의 새로운 사업 모델이 쇼핑객들에게 매우 인기가 있음을 보여주는 확고한 분기별 수익을 게시했습니다. 그 모델은 고객들이 쌀과 콩 같은 특정한 대용량의 기본 식료품들에 대해 자신들의 용기를 가지고 오도록 하는데, 이것이 비용을 줄이게 합니다. 소매상은 이러한 물품들을 대형 용기들로 구매하여 그들의 이윤을 늘립니다. 이 성공적인 사업 아이디어의 시행은 다음 달부터 전국적으로 확대될 것입니다.

4. Firstgrade는 어떤 종류의 사업인가?

   (A) 기술회사

   (B) 식료품점

   (C) 배송 회사

   (D) 금융기관

[문제유형4]   What kind of business is Firstgrade?

[문제단서4]   What kind of ~뒤에 **종류를 나타내는 사람이나 사물에 대해 답한다.**

[문제해법4]   Firstgrade 이 부분을 들려주는 부분을 주의 깊게 듣는다. 건강 음식 소매 체인점이다.

5. 고객들은 왜 새로운 사업 콘셉트를 좋아하는가?

   (A) 쓰레기를 줄인다.

   (B) 돈을 절약한다.

   (C) 사람들의 건강을 증진 시킨다.

   (D) 시간이 덜 걸린다.

[문제유형5]   Why do customers like a new business concept?

[문제단서5]   **이유를 묻는 질문은 문제의 뒤 문장에 어떤 질문의 핵심어구(a new business concept)가 있는지에 주목한다.**

[문제해법5]   ~which reduces the cost라는 말이 나온다. It saves money가 답으로 나온다.

6. 다음 달에 무슨 일이 일어날 것 같은가?

(A) 전략이 더 많은 상점들에서 사용할 것이다.

(B) 마지막 시험 기간이 시작될 것이다.

(C) 새로운 이사가 임명될 것이다.

(D) 신생회사가 구매될 것이다.

[문제유형6] What will probably happen next month?

[문제단서6] **next month을 보고 뒤 부분에서 답을 찾는다.**

[문제해법6] The implementation of this successful business idea is expected to go nationwide starting next month. (이 성공적인 사업 아이디어의 시행은 다음 달부터 전국적으로 확대될 것이라고 했다. 정답은 A strategy will be used in more stores이다.

[어휘] reduce 줄이다 / retailer 소매업자 / implemantation 시행 / nationwide 전국적으로 / save 절약하다 / improve 증진시키다 / strategy 전략 / executive 이사, 경영간부 / staple 식료품

Questions 7~9 refer to the following talk.

Hello, everybody. When the Chestnut Theater closed last January due to poor attendance levels. It was a huge disappointment for many residents. However, **thanks to the generous contributions of you and other community members, we were able to build the new, smaller theater, Victoria Playhouse.** To mark the occasion, **performances in August-our first month in operation-will be discounted.** And season passes will be sold for just $75 during this time. **Now, if you'll follow me, I'd be happy to provide a brief tour of the stage and backstage areas.**

7. Who are the listeners?

   (A) Potential investors

   (B) Stage performers

   (C) Award winners

   (D) Financial donors

8. When will ticket prices be reduced?

   (A) In January

   (B) In February

   (C) In August

   (D) In September

9. What will the speaker probably do next?

   (A) Introduce an important figure

   (B) Distribute some programs

   (C) Show people around a facility

   (D) Explain a seating arrangement

[해석]

안녕하세요. 여러분 Chestnut 극장이 지난 1월 낮은 관객 수로 인해 문을 닫았을 때, 그것은 많은 주민에게 큰 실망을 안겨주었습니다. 그러나 **여러분과 다른 지역 사회의 구성원들의 아낌없는 기부 덕분에 이 새롭고 더 아담한 극장인 Victoria Playhouse를 세울 수 있었습니다.** 이 행사를 기념하기 위해 운영 첫 달인 8월 공연들이 할인될 것입니다. 그리고 이 기간에 시즌권은 단 75달러에 판매될 것입니다. **이제 저를 따라 오시면 제가 기꺼이 무대와 무대 뒤 공간의 간략한 투어를 제공해드리겠습니다.**

7. 청자들은 누구인가?

   (A) 잠재적 투자자들

   (B) 무대 공연자들

   (C) 수상자들

   (D) 재정 기부자들

[문제유형7] Who are the listeners?

[문제단서7] **청자들을 묻는 문제는 문장 앞에서 신분 및 직업과 관련된 표현을 듣는다.**

[문제해법7] thanks to the generous contributions of you and other community members, we were able to build the new, smaller theater, Victoria Playhouse. 아낌없는 기부 덕분이라는 말이 나오는 것으로 보아 재정 기부자들(Financial donors)이다.

8. 티켓 가격은 언제 인하될 것인가?

   (A) 1월에

   (B) 2월에

   (C) 8월에

   (D) 9월에

[문제유형8] When will ticket prices be reduced?

[문제단서8] **인하(할인) 문제는** discount **나오는 부분을 듣고 그 부분에서 답을 찾는다.**

[문제해법8] "performances in August–our first month in operation–will be discounted." 이 행사를 기념하기 위해 운영 첫 달인 8월의 공연들이 할인될 것이라고 했다.

9. 화자는 다음에 무엇을 할 것 같은가?

   (A) 중요한 인물을 소개한다.

   (B) 진행표를 배포한다.

   (C) 사람들에게 시설을 보여준다.

   (D) 좌석 배치를 설명한다.

[문제유형9] What will the speaker probably do next?

[문제단서9] do next가 있으면 마지막 부분에서 답을 찾는다.

[문제해법9] "Now, if you'll follow me, I'd be happy to provide a brief tour of the stage and backstage areas." 자신의 무대와 공간의 투어를 기꺼이 제공하겠다고 한 말을 통해 Show people around a facility가 정답이다.

[어휘] attendance 관객 / **disappointment** 실망 / **resident** 거주자 / **generous** 관대한 / **contribution** 기부 / performance 공연 / **operation** 운영 / backstage 무대 뒤 / **potential** 잠재적인 / **investor** 투자자 / financial 재정의 / **donor** 기부자 / facility 시설 / **distribute** 배포하다 / seating arrangement 좌석배치

[출처 : Listening Comprehension 해커스 토익 1000제]

10시간 만에
토익 끝내기

지 은 이 김원호

저작권자 김원호

1판 1쇄 발행 2020년 07월 31일

발 행 처 하움출판사
발 행 인 문현광
편   집 유별리
주   소 전라북도 군산시 축동안3길 20, 2층(수송동)
I S B N 979-11-6440-171-0

홈페이지 http://haum.kr/
이 메 일 haum1000@naver.com

좋은 책을 만들겠습니다.
하움출판사는 독자 여러분의 의견에 항상 귀 기울이고 있습니다.

이 도서의 국립중앙도서관 출판예정도서목록(CIP)은 서지정보유통지원시스템 홈페이지(http://seoji.nl.go.kr)와
국가자료종합목록 구축시스템(http://kolis-net.nl.go.kr)에서 이용하실 수 있습니다.(CIP제어번호 : CIP2020029424)